中国 ESG 研究院文库

主　编：钱龙海　柳学信

中国城市可持续发展 能力评价研究

王　凯　孙明耀　伞子瑶　著

Research on the
Evaluation of Sustainable
Development Capability of
Chinese Cities

经济管理出版社

ECONOMY & MANAGEMENT PUBLISHING HOUSE

图书在版编目（CIP）数据

中国城市可持续发展能力评价研究/王凯，孙明耀，伞子瑶著.—北京：经济管理出版社，2023.1

（中国 ESG 研究院文库/钱龙海，柳学信主编）

ISBN 978-7-5096-9178-6

Ⅰ.①中…　Ⅱ.①王…　②孙…　③伞…　Ⅲ.①城市发展—研究—中国　Ⅳ.①F299.2

中国国家版本馆 CIP 数据核字（2023）第 158681 号

组稿编辑：梁植睿
责任编辑：梁植睿
责任印制：黄章平
责任校对：王淑卿

出版发行：经济管理出版社
　　　　　（北京市海淀区北蜂窝 8 号中雅大厦 A 座 11 层　100038）
网　　址：www.E-mp.com.cn
电　　话：（010）51915602
印　　刷：唐山玺诚印务有限公司
经　　销：新华书店
开　　本：720mm×1000mm/16
印　　张：13.25
字　　数：190 千字
版　　次：2023 年 1 月第 1 版　　2023 年 1 月第 1 次印刷
书　　号：ISBN 978-7-5096-9178-6
定　　价：78.00 元

中国 ESG 研究院文库编委会

中国 ESG 研究院文库总序

　　环境、社会和治理是当今世界推动企业实现可持续发展的重要抓手，国际上将其称为 ESG。ESG 是 Environmental（环境）、Social（社会）和 Governance（治理）三个英文单词的首字母缩写，是企业履行环境、社会和治理责任的核心框架及评估体系。为了推动落实可持续发展理念，联合国全球契约组织（UNGC）于 2004 年提出了 ESG 概念，得到各国监管机构及产业界的广泛认同，引起国际多双边组织的高度重视。ESG 将可持续发展包含的丰富内涵予以归纳整合，充分发挥政府、企业、金融机构等主体作用，依托市场化驱动机制，在推动企业落实低碳转型、实现可持续发展等方面形成了一整套具有可操作性的系统方法论。

　　当前，在我国大力发展 ESG 具有重大战略意义。一方面，ESG 是我国经济社会发展全面绿色转型的重要抓手。中央财经委员会第九次会议指出，实现碳达峰、碳中和"是一场广泛而深刻的经济社会系统性变革"，"是党中央经过深思熟虑作出的重大战略决策，事关中华民族永续发展和构建人类命运共同体"。为了如期实现 2030 年前碳达峰、2060 年前碳中和的目标，党的十九届五中全会提出"促进经济社会发展全面绿色转型"的重大部署。从全球范围来看，ESG 可持续发展理念与绿色低碳发展目标高度契合。经过十几年的不断完善，ESG 在包括绿色低碳在内的环境领域已经构建了一整套完备的指标体系，通过联合国全球契约组织等平台推动企业主动承诺改善环境绩效，推动金融机构的 ESG 投资活动改变被投企业行为。目前联合国全球契约组织已经聚集了超过 1.2 万家领军企业，遵循 ESG 理念的投资机构管理的资产规模超过 100 万亿美元，汇聚成为推动绿色低碳发展的强大力量。积极推广 ESG 理念、建立 ESG 披露标准、完善 ESG 信息披露、促进企业 ESG 实践，充分发挥 ESG 投资在推动碳达峰、碳中和过程中的激励约束作用，是我国经济社会发展全面绿色转型的重要抓手。

另一方面，ESG 是我国参与全球经济治理的重要阵地。气候变化、极端天气是人类面临的共同挑战，贫富差距、种族歧视、公平正义、冲突对立是人类面临的重大课题。中国是一个发展中国家，发展不平衡不充分的问题还比较突出；同时，中国也是一个世界大国，对国际社会负有大国责任。2021 年 7 月 1 日，习近平总书记在庆祝中国共产党成立 100 周年大会上的重要讲话中强调，中国始终是世界和平的建设者、全球发展的贡献者、国际秩序的维护者，展现了负责任大国致力于构建人类命运共同体的坚定决心。大力发展 ESG 有利于更好地参与全球经济治理。

大力发展 ESG 需要打造 ESG 生态系统，充分协调政府、企业、投资机构及研究机构等各方关系，在各方共同努力下向全社会推广 ESG 理念。目前，国内关于绿色金融、可持续发展等主题已有多家专业研究机构。首都经济贸易大学作为北京市属重点研究型大学，拥有工商管理、应用经济、管理科学与工程和统计学四个一级学科博士学位点及博士后站，依托国家级重点学科"劳动经济学"、北京市高精尖学科"工商管理"、省部共建协同创新中心（北京市与教育部共建）等研究平台，长期致力于人口、资源与环境、职业安全与健康、企业社会责任、公司治理等 ESG 相关领域的研究，积累了大量科研成果。基于这些研究优势，首都经济贸易大学与第一创业证券股份有限公司、盈富泰克创业投资有限公司等机构于2020 年 7 月联合发起成立了首都经济贸易大学中国 ESG 研究院（China Environmental，Social and Governance Institute，以下简称研究院）。研究院的宗旨是以高质量的科学研究促进中国企业 ESG 发展，通过科学研究、人才培养、国家智库和企业咨询服务协同发展，成为引领中国 ESG 研究和 ESG 成果开发转化的高端智库。

　　研究院自成立以来，在科学研究、人才培养及对外交流等方面取得了突破性进展。研究院围绕 ESG 理论、ESG 披露标准、ESG 评价及 ESG 案例开展科研攻关，形成了系列研究成果。一些阶段性成果此前已通过不同形式向社会传播，如在《当代经理人》杂志 2020 年第 3 期 "ESG 研究专题" 中发表、在 2021 年 1 月 9 日研究院主办的首届 "中国 ESG 论坛" 上发布等，产生了较大的影响力。近期，研究院将前期研究课题的最终成果进行了汇总整理，并以 "中国 ESG 研究院文库" 的形式出版。这套文库的出版，能够多角度、全方位地反映中国 ESG 实践与理论研究的最新进展和成果，既有利于全面推广 ESG 理念，也可以为政府部门制定 ESG 政策和企业发展 ESG 实践提供重要参考。

尚福林

前　言

　　提高城市可持续发展能力是我国实现全面高质量发展的战略目标之一。习近平总书记强调"我们要准确理解可持续发展理念，坚持以人民为中心，协调好经济增长、民生保障、节能减排，在经济发展中促进绿色转型、在绿色转型中实现更大发展"。现阶段我国城市可持续发展能力水平差异较大，因此亟待建立适用于我国基本国情的城市可持续发展能力评价体系，以针对性地提出提升方案。近年来，国际社会开始关注 ESG 对可持续发展的推动作用。ESG 理念本身对 E（环境）、S（社会）、G（治理）的关注，高度符合我国当前经济、社会、生态三者协调统一的需求，对于提高城市可持续发展能力具有重要的指导意义。首都经济贸易大学中国 ESG 研究院在对上市公司 ESG 评价的基础上，建立了基于 ESG 的城市可持续发展能力评价指标体系，以期对中国城市提升可持续发展能力起到积极意义。本书选取我国除港澳台地区外的 337 个城市作为评价主体，并从各城市的政府网站、《国民经济和社会发展统计公报》、"一般公共预算收支情况"、中经网、北大法宝等各类渠道收集整理相关数据，对各城市的可持续发展能力进行全面评价。具体地，本书共包括以下研究内容：第1 章，城市可持续发展能力定义及评价意义；第 2 章，国内外城市可持续能力评价研究评述；第 3 章，城市可持续发展能力评价指标体系；第 4章，城市可持续发展能力评价结果分析；第 5 章，直辖市、计划单列市以及省会城市可持续发展能力评价结果分析；第 6 章，各省、自治区内城市可持续发展能力评价结果分析；第 7 章，重点区域城市群可持续发展能力评价结果分析；第 8 章，中国城市可持续发展存在的问题与政策建议。

本书由首都经济贸易大学中国 ESG 研究院的研究员和助理研究员共同完成。刘张帆、王晶晶、钱映雪、贾蕊铭、陈慧、焦艳宁、马翙榕、贾萌、李可心等参与了数据收集工作，第 1 章由伞子瑶、师奕等完成，第 2 章由伞子瑶、卢嘉豪、师奕等完成，第 3 章至第 7 章由刘张帆、王晶晶、贾蕊铭、王新宇等完成，第 8 章由孙明耀等完成，王凯、辛玉莹、周家洁、陈雅敬等进行了统稿。在本书的写作过程中得到了北京市教育科学"十四五"规划 2022 年度青年专项课题"基于 ESG 的财经类高校可持续发展教育实践研究"（项目编号：CJCA22155）的支持。

本书首次基于 ESG 理念研究中国各城市可持续发展能力评价，因此还存在许多不足与疏漏之处，并且由于各城市在相关指标数据披露方面的力度不同，导致评价结果可能存在一些误差，恳请广大读者提供宝贵建议与意见。后续研究团队会在此版本基础上，积极吸纳 ESG 研究的最新成果更新评价指标，同时加大数据收集力度，力求完善中国城市可持续发展能力评价体系。

目　录

第1章 城市可持续发展能力
定义及评价意义

1.1 城市可持续发展理念的起源和背景

自 20 世纪初，伴随着人类科技进步和工业发展，大规模的城市化运动在全球展开。城市化不仅带来人口大量聚集，为工业发展提供了充足劳动力，还催生了包括金融、商业、贸易、地产、教育等在内的第三产业的发展。过去几十年，互联网技术加速了资本和劳动力的全球流动，进一步促进了全球城市化的高速发展。世界银行公布的全球经济数据显示，截至 2018 年，全球城市人口占总人口的比例已经超过 55%，而 1950 年该数值仅为 30%，近半个多世纪全球范围内的城镇人口比例增长接近 1 倍①，并且呈现逐年激增的趋势（UNDESA，2018）。2020 年 10 月 31 日，联合国人居署（UN-Habitat）发布的《2020 年世界城市报告》指出，未来 10 年已高度城市化地区的人口增长速度将会放缓，96% 的城市增长将发生在欠发达地区，预计 2030 年全球城市化比例将高达 60.4%。城市化对于提高

① 资料来源：世界银行官网（https：//www.worldbank.org/en/home）。

居民生活质量、创造经济机会和提高国内生产总值意义重大，但同时也会对城市可持续发展带来压力，如对自然资源、生态环境、生物多样性的破坏及对能源的过度消耗等。因此，如何协调人与自然和谐共生，实现城市可持续发展已成为 21 世纪人类社会面临的最严峻的挑战之一①。

可持续发展理念在 20 世纪 70 年代起逐渐兴起，并得到全世界的广泛关注。1972 年联合国通过了《联合国人类环境会议宣言》，该宣言指出任何国家的发展都伴随着资源的消耗，城镇化和工业化生产的大力发展加剧了自然资源流失和环境恶化，呼吁各国重视经济发展与环境协调的一致性。1980 年，由全球多个国家共同组成的世界自然保护同盟制定了《世界自然资源保护大纲》，第一次明确提出了"可持续发展"的概念，并强调不能将"持续增长"和"持续利用"与"持续发展"概念混为一谈。1992 年，联合国组织起草的《21 世纪议程》首次把可持续发展战略理念由理论推向实践。2019 年，第七届"世界城市论坛"在哥伦比亚麦德林市举行，来自 160 多个国家的约 2 万名城市学专家、学者、政府领导人和城市规划师出席并讨论了"全球城市化面临的严峻挑战""可持续城市化的重要性""如何促进城市的可持续发展能力"等相关议题。此次会议将政府、业界以及学术界对城市可持续发展能力的关注推向了新高潮。

目前我国城市化进程处于快速发展阶段。2013 年 12 月，在中央城镇化工作会议上，习近平总书记对推进新型城镇化建设做出全面部署，为新时代推进城市可持续发展指明了方向。2014 年中共中央、国务院印发并

---

① 资料来源：全球人居环境论坛官网（https：//www.gfhsforum.org）。全球人居环境论坛（Global Forum on Human Settlements）主席、联合国前副秘书长和高级代表安瓦尔·乔杜里（Anwarul Chowdhury）认为全球城市化水平在未来 40 年内将高达 70%。可持续的城市发展是 21 世纪人类社会面临的最严峻的挑战之一。随着越来越多的人口在城市定居，城市在各个层面将面临严峻挑战。应对这些挑战，需要全世界同心协力，精诚合作。全球人居环境论坛是具有联合国经社理事会特别咨商地位的国际非营利组织，致力于建设全球高端对话平台，促进可持续城市发展与人居环境改善。

实施《国家新型城镇化规划（2014—2020 年）》①，明确提出了自 2014 年到 2020 年推进具有中国特色的新型城镇化道路。该规划主要包含了未来城镇化的发展路径、主要目标、战略任务、相关领域制度和政策创新的统筹、现有传统城镇化路径的不足以及以综合承载能力为支撑提升城市可持续发展水平的重要举措等内容。2020 年，党的十九届五中全会明确指出，要完善新型城镇化战略。可持续发展能力是衡量高质量发展的重要指标，因此，深入研究城市可持续发展能力的相关理论、政策与具体实践对于贯彻新发展理念和构建有中国特色的现代化经济体系具有重要现实意义。

1.2　城市可持续发展能力的定义

城市化是现代经济社会发展的主要动力，也是实现现代化的必由之路。城市化发展的关键是提升城市可持续发展能力，即在建设和发展城市化的过程中，从城乡协调发展和充分发挥城市作用出发，谋求城市经济发展、资源合理利用以及环境保护的良性循环，以促进资源开发与利用的平衡、人的发展与自然环境保护的平衡、当前发展与未来发展的平衡。自 20 世纪 80 年代以来，关于城市可持续发展能力的研究得到了越来越多学者的关注与讨论。1987 年，由世界环境与发展委员会起草的报告《我们共同的未来》针对地区发展，第一次给出了公众普遍接受的可持续发展的定义，即在满足当代人物质文化需要的同时，又不损害后代人利益的发

---

① 《国家新型城镇化规划（2014—2020 年）》根据中国共产党第十八次全国代表大会报告、《中共中央关于全面深化改革若干重大问题的决定》、中央城镇化工作会议精神、《中华人民共和国国民经济和社会发展第十二个五年规划纲要》和《全国主体功能区规划》编制。该规定于 2014 年 3 月公布，是中共中央颁布实施的首份城镇化规划，也是指导全国城镇化健康发展的宏观性、战略性、基础性的规划。

展。随着经济发展和对可持续发展理念的不断实践，可持续发展能力的定义逐渐被扩展和延伸。例如，刘传祥和承继成（1996）认为，可持续发展要以保护自然环境和资源为前提，经济发展必须在与环境和资源的承载能力相适应、相协调的条件下才能持续。范柏乃等（1998）强调了经济发展与环境生态之间的动态平衡，他们认为可持续发展理念并非经济概念，而是涉及社会、政治、经济、生产、技术和生态环境等方面的新发展体系。李龙熙（2005）将持续发展的内涵延伸为共同发展、持续发展、协调发展、公平发展、高效发展和多维发展。牛文元（2008）认为，可持续发展不能只衡量一个地区的发展水平，还必须衡量该地区政府调控与市场发育的平衡、发展与环境的平衡等。总结而言，城市可持续发展能力不仅体现一座城市的经济连续增长水平，更反映该城市以全面发展为目标的经济、社会、资源、环境等层面的整体可持续发展能力，具体包括自然资源的合理利用，生态环境的保护，社会发展的水平、稳定性、协调性，以及该地方政府在法治、财政、服务方面的行政效率和政府治理能力等诸多方面。

作为衡量城市实现社会经济高质量发展的重要指标，城市可持续发展能力受地理位置、气候状况、政策经济制度、发展水平、政府治理能力、能源和科技水平等自然与社会条件的制约和影响，这些条件因素之间互为联系，对城市可持续发展能力产生重要影响。由此可见，城市可持续发展是复杂城市系统的动态变化过程，也是一个城市资源与环境支持、社会稳定发展、政府治理三者有效保持高度和谐的过程。因此，如何有效评价城市可持续发展能力吸引了国内外众多专家学者的关注①。

相关实践表明，ESG 评价体系将有助于城市提升可持续发展能力。

---

① 目前，国外较为流行的城市可持续发展能力评价方法主要有：英国建筑研究院环境评估方法（BREEAM）、日本建筑物综合环境性能评价体系（CASBEE）、马来西亚绿色建筑指数（GBI）、美国绿色建筑评估体系（LEED）、印度绿色建筑委员会（IGBC）评级体系和印度综合栖息地绿色评估等级（GRIHA）。国内学者对城市可持续发展能力评价的研究也较为丰富，但尚未形成统一的评价标准体系。本书将在第 2 章对相关文献进行梳理。资料来源于 Kaur 和 Garg（2019）的研究。

ESG 最初作为西方资本市场的投资建议与风险评估工具，逐渐被广泛应用于社会各个领域，其中发展最为成熟的是企业 ESG 评价，通过对上市公司进行 ESG 评价有利于其在自我约束及社会监督下实现可持续发展。同样，以环境、社会和治理能力为核心评价标准的城市可持续发展能力也可采用类似的手段进行提高。在践行"双碳"战略的背景下，城市可持续发展水平主要体现在自然资源状况、能源消耗储备、环境保护、生物多样性、空气质量、城市人口发展与素质、经济发展与环境的协调一致性、城市建设质量、居民生活质量、经济环境政策制度、政府行政效率、政府治理能力等以环境（E）、社会（S）和治理（G）为核心的三个维度，通过 ESG 评价体系可以有效引导城市更好地提高可持续绿色发展能力，实现经济社会高质量发展的目标。

ESG 理念最早起源于 20 世纪 70 年代，是一种整合环境、社会和治理三个维度的评价体系。自 2004 年联合国环境规划署首次明确了 ESG 概念，要求企业在发展过程中注重保护自然资源和环境、履行社会责任、完善公司治理，自此 ESG 在全球范围内得到广泛传播与应用。由于不同国家的发展阶段和制度特点不同，各国对 ESG 的内涵定义、要求与应用也展现出不同的特征。近年来，我国大力发展绿色经济，《国家新型城镇化规划（2014—2020 年）》强调以综合承载能力为支撑，提升城市可持续发展水平，国家"十四五"规划更是明确提出实现社会经济高质量发展的战略目标，党的十九届六中全会进一步提出"全面深化改革总目标是完善和发展中国特色社会主义制度，推进国家治理体系和治理能力现代化"。以上皆显示出党和国家对实现绿色经济以及可持续发展的重视程度。ESG 理念本身对 E（环境）、S（社会）、G（治理）的关注，高度符合我国当前经济、社会、生态三者协调统一的战略要求，对于提高城市可持续发展能力，最终实现绿色发展的战略目标具有重要的指导意义。

通过城市 ESG 评价，能科学有效地评价城市的过去、现状及未来的可持续发展能力。具体而言，城市 ESG 评价体系主要包含以下三个维度：E（环境，全称 Environmental）指城市在发展过程中对自然环境造成的影响，其中包括经济发展对生态环境带来的负面影响，该城市自然资源和环境的实际情况，以及政府采取的保护自然资源和环境的相关措施。S（社会，全称 Social）主要指社会发展状况和人民生活水平，其中包括人类发展、社会公平、公共服务、社会保障、公共安全和社会参与等方面（俞可平，2008）。G（治理，全称 Governance）主要指城市当地政府通过运用行政手段进行资源配置，以满足社会需求，维护社会秩序的能力，主要包括地区法治建设、公共服务水平和财政储量等方面（胡膨沂、王承武，2021）。贯彻实施可持续发展战略，推动经济向全面绿色转型，建设有中国特色社会主义的现代化经济社会环境，需要地方政府治理体系的完善和治理能力的综合提升。城市 ESG 评价体系作为一种衡量标准，对城市可持续发展的水平进行可靠分析，能为政府、企业等在进行投资选择时提供参考标准，对社会经济高质量发展具有巨大的实践价值。

1.3　城市可持续发展能力评价的意义

不同于传统从财务角度来进行分析的评价方法，ESG 评价体系重点关注非财务信息相关方面。城市 ESG 评价首先从环境、社会和治理三个维度对城市进行综合考量，然后通过对各维度对应的指标组合及其权重对各项指标进行综合打分，从而全面评价城市的发展现状、长期发展能力以及投资潜力。因此，建立和完善标准化的城市 ESG 评价系统对国家有关部门、地方政府、业界与学术界均具有重要意义。

1.3.1　有助于国家出台宏观调控相关政策

城市 ESG 专注于地区自然资源与环境、社会发展和地方政府治理三大方向，对城市的可持续发展能力进行评分和评级，不仅可以为国家宏观调控提供可比较性强、可信度高的城市社会经济发展相关信息依据，同时为国家出台相关宏观调控战略决策提供支持。具体体现在以下两个方面：

第一，通过 ESG 评价体系，政府可以深入了解地区发展动态，有助于对地区未来的可持续发展能力做出客观且有效的判断，为布局下一阶段经济发展方向提供参考依据。例如，从南半球的"青年潮"到北半球的"老龄化"，全球大部分国家都在经历人口结构的变化。以我国为例，过去 70 多年，经济、医疗的快速发展与物质生活水平的飞速提高使我国人民的平均寿命从 1949 年中华人民共和国成立初期的 35 岁提高到了 77 岁。自 2000 年起，我国 65 岁及以上人口占全国总人口的比例约为 7%，14 岁以下青少年儿童占全国总人口的比重约为 23%，老龄化人口结构初步形成。截至 2020 年，65 岁及以上人口比重已经超过 13.5%，而 14 岁以下人口比重则下降了 5.05%。据联合国预测，我国老年人口比重将在 2050 年左右超过 25%，换言之，到 20 世纪中叶，我国每四个人中就有一位老年人①。由此可见，我国未来一段时间将持续面临人口长期均衡发展的压力，以及由人口老龄化、部分地区劳动力短缺引起的社会和经济问题。为了保证城市化进程的可持续发展，缓解不同地区劳动力资源不平衡、个别地区劳动力短缺造成的劳动力成本上升，以及城市社会养老保障体系造成的经济负担等问题，国家和地区政府必然要充分了解各地方实际情况，进行战略性宏观调控，从政策上扶持和推动城市持续发展的内在动力。ESG 评价的可持续发展理念可以有效展示一个地区社会和政府治理层面的过去绩效、现实情况和未来可持续性，从而有助于国家统筹宏观经济发展方向，优化布局，扶持地方经济发展，以保障实现经济社会高质量发展。

第二，通过 ESG 评价体系，城市的长期价值增长目标可以从非财务指标信息转换为数据化的评分结果，为国家以及地方政府相关部门提供切实有效的客观参考数据，有利于促进政府监管及惩处机制的完善与规范。以 ESG 针对自然环境污染的相关评价为例，我国自 20 世纪 90 年代以来，针对城市发展过程中工业化造成的自然资源损耗和环境污染，颁布和实施

---

① 资料来源于国家统计局、联合国官网。

了一系列的法律及政策措施①。"双碳"目标的提出是我国为实现可持续发展向全世界做出的庄严承诺，其已成为"十四五"期间国家有关部门与地方各级政府制定相关政策、法律法规的重大国家战略指导。因此，控制环境污染、发展绿色经济、重塑能源体系对于我国经济发展具有重要意义。城市 ESG 评价体系本身对自然资源和环境领域的关注，高度符合我国当前亟须治理生态环境的诉求，能够有效评价城市在发展过程中对自然资源和环境造成的影响。由于各地方政府对环境信息公开程度良莠不齐，已严重影响政府相关部门对环境资源的有效监管，而城市 ESG 体系的环境评价可以为国家以及地方政府提供可参考的数据，帮助引导环境政策良性发展（彭靓宇、徐鹤，2013）。

1.3.2　有助于地方城市实现高质量发展

ESG 评价体系有助于"以评促改"，推动城市践行 ESG 理念，实现社会经济高质量发展。首先，ESG 评价体系可以帮助城市持续改进 ESG 实践，转变经济发展模式。"十四五"规划明确提出"创新、协调、绿色、开放、共享"的新发展理念，秉承"绿水青山就是金山银山"的可持续发展理念，深入实施可持续发展战略，从经济社会形态入手，推动传统经济发展模式向绿色经济转型是我国达成"双碳目标"、提升城市可持续发展能力、实现经济高质量发展的必经之路。ESG 体系通过对环境、社会和治理三个维度的评价可以切实有效地反映城市发展中存在的不足，引导城市未来发展方向，促进城市的可持续发展。其次，ESG 评价体系有助于地方政府直观认识本地区资源环境承载能力、要素禀赋和竞争优势，培育发展区域特色的城市产业体系，提高城市竞争力和城市形象。再次，ESG

---

① 相关法律及政策措施包括但不限于：《中国环境与发展十大对策》（1992）、《中国 21 世纪议程——中国 21 世纪人口、环境与发展白皮书》（1994）、《中国跨世纪绿色工程规划》（1996）、《国务院关于落实科学发展观加强环境保护的决定》（2005）、《中华人民共和国环境保护法》（2014 年修订）、《打赢蓝天保卫战三年行动计划》（2018）、《柴油货车污染治理攻坚战行动计划》（2019）、《京津冀及周边地区、汾渭平原 2020-2021 年秋冬季大气污染综合治理攻坚行动方案》（2020）等。

评价体系有助于地方政府改善市政公用设施建设,完善基本公共服务体系,增强对城市社会经济高质量发展的支撑力。最后,ESG 评价体系有助于地方政府全面了解本地区的自然资源、物质资源、信息资源和智力资源,从而促进城市资源合理配置与利用,并结合物联网、云计算、大数据等新一代信息技术创新应用,实现资源与城市经济社会发展深度融合。

1.3.3 有助于投资者的 ESG 投资决策

城市 ESG 作为一种兼顾环境、社会和治理效益的评价体系,可以为投资机构的投资决策、投资策略制定、资源优化配置等提供参考依据,具有重要的理论意义和应用价值。城市 ESG 评价体系对投资者的影响主要有以下几个方面:

第一,城市 ESG 评价体系从社会经济发展和政府财政等层面,增加了城市透明度,有效展现城市发展的过往绩效和未来可持续发展能力,缓解投资者对信息不对称的担忧。好的城市孕育健康的企业,城市作为企业发展的平台,对企业未来发展影响巨大。无论是政府城建投资,还是该地区企业的招商引资,良好的社会发展透明度有助于增强投资者对未来投资收益的信心。尤其对于异地投资者或者境外投资者而言,资金更倾向于流向信息完全的市场,因为掌握的信息越完善,信息不对称所带来的逆向选择和道德风险就越小,交易成本与投资风险越低。因此,高质量的城市社会经济发展及财政透明度可以有效地降低信息不对称导致的投资风险,进而带动本地区的社会经济发展以及资本流动。

第二,城市 ESG 评价体系有助于衡量和促进城市对所属企业的经济和政策扶持,增加投资者的投资收益。可持续发展能力强的城市会借助科技进步和产业变更的新趋势,发挥城市的载体作用,营造良好的制度环境、政策环境、金融环境与市场环境,为企业提供良好的发展平台。合理的扶持政策可以推动技术创新、商业模式创新和管理创新,激发企业潜能。因此,通过 ESG 评价,投资者可以了解企业所在城市的政策倾向,从而制定有针对性的投资策略,优化投资组合与资源配置。

第三，城市 ESG 评价体系可以促进完善城市治理结构，增强法治保障，为投资者营造公平、高效、法治的投资环境。ESG 评价体系针对政府治理的评价可以激发城市社会治理体制机制的建设，加快实施政社分开，推进社会组织明确权责、依法自治，提升投资者的安全感，增加投资者的投资信心。

第四，城市 ESG 评价体系促进城市发挥创业平台作用，让创业企业充分利用城市规模经济生产的专业化分工效应，敢于创业。此外，可持续发展能力强的城市拥有良好的法治环境和创业扶持政策，从而给创业企业提供了更大的生存发展空间，进而为创业投资机构提供更多投资机会。从创业投资机构的角度而言，由于初创公司商业化过程存在诸多不确定因素，创业投资①失败率极高，而在可持续发展能力较强的城市，市场风险相对较低，创业投资成功的机会更大。

1.3.4 有助于 ESG 相关学术研究的展开

城市 ESG 评价体系在过去几十年吸引了学术界研究学者的广泛关注。学术研究机构在 ESG 评价指标体系的构建过程中，围绕 ESG 展开理论分析与实证检验，并对 ESG 各项细分指标完成了大量的数据采集和整理工作。健全完善的 ESG 评价体系不仅能够为投资者提供有效的决策参考，还能为科研工作者提供探索新的未知领域的机会。

现有 ESG 评价体系相关文献主要集中在针对企业 ESG 的评价体系开发及应用方面②，而将 ESG 评价体系用于城市可持续发展能力的相关研究还相对较少。虽然 ESG 评价在企业方面的开发和应用已经逐渐成熟，但

---

① 创业投资，又称风险投资，是指向创业企业进行股权投资，以其所投资创业企业发展成熟或相对成熟后通过转让股权获得资本增值收益的投资方式。

② 主流的 ESG 评价、评级体系有：KLD ESG 评价体系、MSCI ESG 评价体系、Sustainalytics ESG 评价体系、汤森路透 ESG 评价体系、富时罗素 ESG 评价体系、标普道琼斯 ESG 评价体系、Vigeo Eiris ESG 评价体系、商道融绿 ESG 评价体系、社会价值投资联盟 ESG 评价体系、嘉实基金 ESG 评价体系、中央财经大学绿色金融国际研究院 ESG 评价体系、华证 ESG 评级体系、润灵 ESG 评级体系、中国证券投资基金业协会 ESG 评价体系等。资料来源于王凯和邹洋（2021）的研究。

在其理论和实践方面仍缺乏充分探讨，而城市 ESG 评价体系可以借鉴企业 ESG 现有研究进行分析、归纳及检验。因此，本书将对 ESG 评价体系在城市可持续发展能力评价方面的应用进行深入研究。通过对 ESG 在内涵界定、评价方法、评价标准、应用实践等方面的梳理和讨论，构建适用于我国国情的、具有中国特色的城市 ESG 评价体系。

第2章 国内外城市可持续能力评价研究评述

随着城市化和工业化的迅速发展，城市可持续发展能力相关问题吸引了国内外众多专家学者的关注。其中，城市可持续发展能力评级和评价成为国内外专家学者研究的重要课题，近年来产生了大量科研成果。本章通过"中国知网"和"Web of Science"两大国内外文献数据库对城市可持续发展评价相关的重点文献进行梳理和总结，以期反映国内外专家学者在城市可持续发展评价方面的理解和认识，为我国城市可持续发展研究奠定理论基础。

2.1 国外可持续发展能力评价研究评述

为了具体了解国外学者对城市可持续发展评价体系的研究进展，通过使用"Urban Sustainability""Urban Development""Sustainable Urban"作为关键词在 Web of Science 外文数据库进行主题检索，并在结果中对关键词"Assess""Evaluate"进行二次检索，按照被引频次进行排序，根据标题、摘要的内容与研究主题的匹配度进行文献选择，最终筛选出 10 篇相关文献。

Kaur 和 Garg（2019）采用定性的方法，对六种最常用的城市可持续发展评估工具进行回顾（见表 2.1），包括英国建筑研究院环境评估方法（BREEAM）、日本建筑物综合环境性能评价体系（CASBEE）、马来西亚绿色建筑指数（GBI）、美国绿色建筑评估体系（LEED）、印度绿色建筑委员会（IGBC）评级体系和印度综合栖息地绿色评估等级（GRIHA）。BREEAM 将评估标准分为六类：治理、革新、社会与经济福祉、交通运输、土地利用与生态环境、资源与能源，其中社会与经济福祉被分为地方经济、环境条件以及社会福利三部分。CASBEE 的评估标准分为城市发展的环境质量和城市发展的环境负荷两个维度，每一维度又分为环境、社会和经济三大类，而每一类同时又包含了 2~3 个指标。例如，城市发展的环境质量维度中包括环境、社会、经济三个方面，其中环境指标包括资源、生物多样性和建筑；社会指标包括公平程度、安全程度和舒适性；经济指标包括城市结构、城市增长潜力以及经济发展效率。GBI 的评级分为六个维度：气候、能源和水资源（CEW），生态和环境（EEC），社区规划与发展（CPD），交通连通性（TRC），建筑与建筑资源（BDR），创新创业（BSI）。其中，被 GBI 认证的 CEW、EEC 等分别被赋予 6 分、11 分。LEED 是一个将智慧增长、城市化和绿色建筑模型相结合，着重关注环境问题和土地利用问题的可持续发展评估系统。在 LEED-ND 中涵盖了三种主要类别，即社区模式与设计、智能定位与联动、绿色基础设施和建筑，每一项标准基于不同的权重被赋予 1~10 分不等。IGBC 引入绿色理念，致力于解决城市扩张、汽车依赖和社会环境脱轨现象等问题。在 IGBC 评级体系中，分为选址规划（SSP）、土地使用规划（LP）、交通规划（TP）、基础设施资源管理（IRM）和规划与技术创新（IDT）五个方面。GRIHA-LD 主要用于评估绿色校园、乡镇和经济特区等大型开发项目的环境影响。在这一评估体系中，着重强调资源利用率，比如水资源、能源以及垃圾处理三个方面。

表 2.1　常用的城市可持续发展评估工具

工具名称	分类	标准	权重	等级划分标准
BREEAM Communities	治理	4	9.3	极好 = 85% 优秀 = 70% ~ 84% 良好 = 56% ~ 69% 较好 = 40% ~ 54% 合格 = 26% ~ 39%
	革新	1	0	
	社会与经济福祉——地方经济	2	—	
	社会与经济福祉——环境条件	6	42.7	
	社会与经济福祉——社会福利	9	—	
	交通运输	7	13.8	
	土地利用与生态环境	6	21.6	
	资源与能源	6	12.6	
CASBEE-UD	环境：资源	4	3	优秀 = 60% 良好 = 30% ~ 59% 较好 = 20% ~ 29% 较差 = 10% ~ 19% 差 > 10%
	环境：自然界（生物多样性）	4	3	
	环境：建筑	1	3	
	社会：公平/不公平	2	3	
	社会：安全/安全保障	4	3	
	社会：舒适性	4	3	
	经济：交通/城市结构	4	3	
	经济：城市增长潜力	3	3	
	经济：效率/合理性	4	3	
	交通方面的二氧化碳排放量	1	—	
	建筑方面的二氧化碳排放量	1	—	
	环保方面的二氧化碳排放量	1	—	
GBI Township	气候、能源、水资源	6	20	铂金 ≥ 86 分 黄金 = 77 ~ 85 分 白银 = 67 ~ 75 分 合格 = 50 ~ 65 分
	生态和环境	11	15	
	社区规划与发展	11	26	
	交通连通性	6	14	
	建筑与建筑资源	8	15	
	创新创业	3	10	
LEED-ND	社区模式与设计	14（P5, C9）	28	铂金 ≥ 80% 黄金 = 60% ~ 79% 白银 = 50% ~ 59% 合格 = 40% ~ 49%
	智能定位与联动	18（P3, C15）	41	
	绿色基础设施和建筑	21（P4, C17）	31	
	创新与设计	2（C2）	6	
	区域优先级	1（C1）	4	

续表

工具名称	分类	标准	权重	等级划分标准
IGBC Green Township	选址规划（SSP）	9（MR3，C6）	40	铂金=160~200 黄金=140~159 白银=120~139 合格=100~119
	土地使用规划（LP）	8（MR3，C5）	44	
	交通规划（TP）	9（MR2，C5）	30	
	基础设置资源管理（IRM）	11（MR2，C9）	70	
	规划与技术创新（IDT）	5（C5）	16	
GRIHA-LD	能源充足性	2（M1，O1）	18	1 星=26~40 2 星=41~55 3 星=57~70 4 星=71~85 5 星 85 以上
	水资源充足性	2（M1，O1）	23	
	废弃物利用程度	1（O1）	12	
	地区规划	7（M3，O4）	8	
	能源	5（M2，O3）	9	
	水资源与水资源浪费	6（M2，O4）	12	
	废弃物管理	4（M1，O3）	6	
	交通	6（M1，O5）	6	
	社会	4（M1，O3）	6	

资料来源：Kaur H，Garg P. Urban Sustainability Assessment Tools：A Review ［J］. Journal of Cleaner Production，2019（210）：146-158.

Hiremath 等（2013）指出，指标在衡量城市可持续发展过程中发挥重要作用，它能够清晰表明特定城市在具体领域的表现情况，有助于对城市战略选择做出评价。作者从开发指标、选择指标、使用指标等多个方面对以往文献进行回顾。例如，在开发指标方面，有研究根据 22 个系统中的 377 个指标，生成了一个涵盖 145 个指标的数据库。经过分析得出城市可持续发展的指标维度必须将环境质量、经济机会和社会福利相结合的结论；英国学者开发了"工具箱"，其中包括特定指标和特征列表两个关键组成部分，特定指标如空气质量、生物多样性等用来衡量城市的可持续表现，而特征列表则用简短的话语来描述某些特定的场景，将特定指标与特征列表相组合能够衡量各种可持续表现，使评价过程更具有灵活性。此外，作者认为应以特大城市作为基准来确定指标，并用指标与其他城市进行对比寻找差异，从而弥补差距来实现城市的可持续发展。

Sharifi（2020）通过 VOSviewer 和 SciMAT 等工具对近 30 年来关于城市可持续性评价的文献进行计量分析，研究间隔被分为 1991～2000 年、2001～2009 年、2010～2015 年、2016～2020 年四个阶段，结果显示现有的评估体系多集中于可持续发展指标、能源、绿色基础设施、水、土地利用和城市设计主题，并对相关指标进行罗列（见表 2.2）。然而诸如公平、安全、社会福利等社会经济问题却没有充分体现。考虑到城市可持续发展的多样性和复杂性，在未来的研究中应该更多地考虑社会经济和体制等维度来促进创新转型，推动城市可持续发展的转变。

表 2.2　六大评估主题相关指标

主题领域	阶段	文献数量（篇）	被引次数	H 指数
可持续发展指标	P1	11	321	7
	P2	119	5746	54
	P3	326	9724	52
	P4	723	4895	29
能源	P1	—	—	—
	P2	12	1029	11
	P3	216	33306	45
	P4	765	5250	28
绿色基础设施	P1	3	252	3
	P2	49	3268	40
	P3	158	6147	47
	P4	418	3068	33
水	P1	6	326	5
	P2	14	576	10
	P3	86	2776	29
	P4	258	1558	20
土地利用	P1	—	—	—
	P2	44	3661	32
	P3	78	2347	25
	P4	171	1381	29

续表

主题领域	阶段	文献数量（篇）	被引次数	H 指数
城市设计	P1	—		
	P2	22	1699	20
	P3	46	1785	24
	P4	138	998	16

资料来源：Sharifi A. Urban Sustainability Assessment：An Overview and Bibliometric Analysis ［J］. Ecological Indicators，2020（121）：107102.

Polonenko 等（2020）提出城市供水系统（UWS）面临着越来越大的压力，因此 UWS 需要可持续发展。通过对已有文献中社会指标的总结，讨论了在进行 UWS 可持续性评估过程中最常用的社会指标（见表 2.3），并进一步提出了为满足制定评估 UWS 的制度和社会指标的标准所面临的挑战和建议，包括有效性、时间和空间的连续性、可靠性与可行性。其中，有效性指研究理论要接近现实情况；时间和空间的连续性指对 UWS 可持续发展的研究不仅要建立在现实的基础上，还要着眼于未来的整体发展，同时要注意各个地区之间的比较差异；可靠性指一项研究要经过反复的论证并保证结果的一致性；可行性指在研究过程中注意资源的有限性，包括时间、人力和资金等方面的资源。

表 2.3　UWS 可持续性评估过程中最常用的社会指标

指标	定义	指标衡量方法
社会意识	社会对与水有关的问题的知识和理解	对六点 Likert 量表中包含知识问题的调查准确回答的社会成员的百分比和数量
参与和所有权	社会成员积极参与水资源相关活动的积极性	建立一项综合指标，包括水资源授权程度、立法程度和公众参与程度
健康与社会福祉	水资源对社会成员的幸福感和身体健康的影响情况	与过去相比，社会成员是否拥有更充足的水源

指标	定义	指标衡量方法
感知预期	对水资源的预期是否得到了满足	调查社会成员对水资源的满意程度
社区适应力	成员对社会公共服务不满意时采取的措施	衡量社会对公共服务不足时采取的积极措施

资料来源：Polonenko L，Hamouda M，Mohamed M. Essential Components of Institutional and Social Indicators in Assessing the Sustainability and Resilience of Urban Water Systems：Challenges and Opportunities［J］. The Science of the Total Environment，2020（708）：135159. 1–135159. 11.

Liu 等（2022）基于 377 个专家样本的实证数据，通过探索性因子分析和验证性因子分析，建立了一个适用于中国的城市可持续性度量体系。计量体系着眼于中国的发展状况，采用 EFA 和 CFA 的方法将计量维度精简到 5 个，包括环境、基础设施、服务与政策、健康、人口活力。又从 5 个维度划分出 18 个指标，环境维度包括二氧化碳、空气质量、家庭用水和生活垃圾 4 个指标；基础设施维度包含文化设施、体育设施、娱乐设施和开放空间 4 个指标；服务与政策维度包括废水循环利用、仙台准则、对外政策和政府采购 4 个指标；健康维度包含成年人健康、健康服务有效性和紧急医疗参保率 3 个指标；人口活力涵盖了就业率、未就业率和人口老龄化 3 个指标。

Foroozesh 等（2022）采用文献综述法、专家访谈法和德尔菲法从影响城市可持续发展的各因素中筛选出 7 个维度和 24 个指标，再利用 GFB-WM 和 AHP 对评估指标进行加权和排序，进一步通过 GIS 中的模糊逻辑和加权线性组合的方法对卡拉季（Karaj，伊朗北部城市）城市可持续发展性进行评估，最后对可识别的区域进行排序。结果证实，无论是使用 AHP 还是 GFBWM 的评估方法，社会经济与就业两个指标都在城市可持续发展中起关键作用，而使用 TOPSIS 将卡拉季的城中心和北部评价为最优先发展的区域。作者提出，城市的可持续发展要在关注环境方面的同时兼顾社会、经济、文化等方面的指标。除此之外，鉴于城市可持续发展的多样性和复杂性，不同城市应该采取不同的工具进行评估。

Ali-Toudert 等（2020）对五个城市的可持续发展评估体系进行对比分析，开发出一种新的城市可持续发展综合评估方法——CAMSUD。然后，文章通过介绍其概念和每一个标准选择的目的来概括 CAMSUD 的主要特点，强调其本身对于城市可持续发展评估的重要地位，并讨论了在遵循标准的同时如何处理城市特殊性的问题，包括城市可持续的相关法律等。最后借助 CAMUSD 在 160 个城市中的应用验证了 CAMSUD 作为一种评估体系的普遍适用性。

Ameen 等（2015）回顾了六种常见的城市规划与可持续发展评估工具：BREEAM Communities、LEED‑ND、CASBEE‑UD、SBToolPT UP、Pearl Community Rating System（PCRS）和 GSAS/QSAS，通过比较各评估工具的规模与性质、范围、评级方法和等级来辨别其在当地和全球环境中的差异性（见表2.4）。结果表明，全球可持续性评估工具所包括的指标、分指标及其所涵盖的主题范围存在差异，但均侧重于能源、水、循环利用和环境方面的主题，而不涉及社会和经济影响。虽然在一定程度上关注可持续城市设计的社会问题，但经济和文化维度在任何工具中都没有得到体现，使这些维度在可持续发展评估工具的发展中缺乏充分论证。

表 2.4　各可持续发展评估系统的主要特征

工具名称	版本年份	规模与性质	适用范围		评级方法	等级划分
			地方	全球		
BREEAM Communities	2012	无规模与性质限制	是	否	满足评级水平的最低标准的前提下，在每个 BREEAM 部分取得的分数的加权百分比之和	极好 = 85% 优秀 = 70% ~ 84% 良好 = 56% ~ 69% 较好 = 40% ~ 54% 合格 = 26% ~ 39%
LEED‑ND	2009	无限制，但侧重居民区的可持续发展	是	是	在满足先决前提下，不同维度各分数的总和	铂金（≥80） 黄金（60~79） 白银（50~59） 合格（40~49）

工具名称	版本年份	规模与性质	适用范围		评级方法	等级划分
			地方	全球		
CASBEE-UD	2007	最小规模为3-3栋建筑物的建筑群	是	是	建筑环境质量（Q）与建筑环境负荷（L）的比值（BEE=Q/L）	极好（≥3） 优秀（1.6~3） 良好（1~1.5） 较差（0.6~1） 差（<0.5）
SBToolPT UP	2014	无限制，但侧重城市规模	是	否	没有提及	没有提及
PCRS	2010	无限制，但侧重城市及商业项目	是	否	所有强制性信用（AMC）必须达到一星，评级是基于AMC与可选指标的累计信用分（cp）	AMC+60 cp=2 Pearl AMC+85 cp=3 Pearl AMC+115 cp=4 Pearl AMC+140 cp=5 Pearl
GSAS/QSAS	2010	最小值：广泛的建筑类型 最大值：城市建设规划	是	否	在项目评估过程中，从每个单项指标的收集点收集的积分	1星 $0.0 \leqslant x \leqslant 0.5$ 2星 $0.5 < x \leqslant 1$ 3星 $1 < x \leqslant 1.5$ 4星 $1.5 < x \leqslant 2$ 5星 $2 < x \leqslant 2.5$ 6星 $2.5 < x \leqslant 3$

资料来源：Ameen R，Mourshed M，Li H. A Critical Review of Environmental Assessment Tools for Sustainable Urban Design［J］. Environmental Impact Assessment Review，2015（55）：110-125.

Jato-Espino 等（2018）研究了可持续城市地表评估系统（SURSIST）的设计和应用，旨在生成一个复合的可持续发展指数，以衡量整个城市的土地覆盖对实现可持续发展目标的贡献。SURSIST 的第一阶段是根据可持续发展目标（SDGs），构建表征城市地表可持续发展的潜在贡献的指标体系。然后，在 CORINE Land Cover（CLC）项目和层次分析法（AHP）的支持下，分别对这些指标进行表征和加权。最后使用 TOPSIS 建立一个综合指数来衡量一个城市的城市地表覆盖对实现可持续发展目标的总体贡献。

Ali-Toudert 和 Ji（2017）研究了五个国家的城市可持续发展评估体系，发现：①它们都具有树状结构；②它们的概念和分类遵循 3~4 个可持续发展支柱模型、可持续发展主题或空间尺度；③它们都使用规划导向或绩效导向的加权方法；④都将准则层定为可持续发展目标、行动措施或须完成的任务；⑤由于各评估体系的处理方式不同，可持续性项目很难并列；⑥可能发生指标重叠；⑦类似的指标可以归为不同的类别；⑧所有指标都独立评价，指标之间的相互作用容易被忽视。CAMSUD 采用一种新的处理方法来识别和量化各方法之间的相互作用，通过数学计算工具可以帮助解决城市可持续发展的复杂性问题（见表 2.5）。

表 2.5　CAMSUD 与五个现有体系的对比

分析项目	现有体系	CAMSUD
结构	树状结构	网络状
分类	根据 3~4 个支柱模型	概念：空间范围+可持续性主题+规划导向型支柱模式：SIT+URB+INF = 23 ~ 40 个标准
	根据可持续性主题	
	根据空间范围	
标准的可衡量性	权重：规划导向型或绩效导向型	
	公式：目标/行动范围/目标+行动范围/措施	标准公式：预期目标+行动范围
		措施和解决方案：收集在一个数据库中，支持量化的数据方案
	贯彻性：有时会间接考虑衡量标准	
	相似的标准在不同的体系中有不同的分类	标准相互作用的定义与量化
	标准相互重叠	
	分数分配：单个标准独立评分	

　　资料来源：Ali-Toudert F，Ji L. Modeling and Measuring Urban Sustainability in Multi-criteria-based Systems—A Challenging Issue ［J］. Ecological Indicators，2017（73）：597-611.

　　从上述关于城市可持续发展的研究成果来看，国外学者通过多种城市可持续发展评估体系的对比和新体系开发，对城市可持续发展研究做出了巨大贡献。学者对城市可持续发展的应用观点反映了城市发展与环境、社会和经济方面的关系，其评价体系有助于实践者更加全面地认识城市可持续发展。但是，从城市可持续发展的文献资料来看，大多数研究和评估系统多侧重于环境方面。除此之外，由于城市可持续发展问题的复杂性，那些针对特定城市的评估体系无法普遍应用到全球各个城市。

2.2　国内可持续发展能力评价研究评述

为了具体了解国内学者对于城市可持续发展能力评价的相关研究，将"可持续发展""城市可持续发展"等关键词在中国知网文库进行主题词检索，并在结果中将关键词"发展能力""能力评价"进行二次检索。对二次检索结果进行被引频次排序后，按摘要内容与研究内容的匹配程度和期刊的权威程度进行筛选，最终筛选出 15 篇相关文献。本部分将从 E（生态环境）、S（社会治理）、G（城市治理）三个方面，对国内学者的研究进行总结与分析。

彭建等（2012）在《基于 PSR 模型的区域生态持续性评价概念框架》中提到，区域可持续发展是可持续发展的重要基础，并对区域生态持续性、生态系统健康、生态安全、生态风险以及这些变量之间的相关性进行了梳理。基于"压力—状态—响应（PSR）"模型，在系统全面性、区域主导性和动态变异性的原则下构建了区域生态持续性评价模型。该模型从压力、状态和响应三方面入手，并分别在三方面下设置了一级指标——生态风险/胁迫、生态系统健康和生态可持续能力，以及相应的二级指标。研究梳理了评价指标阈值与权重，并主要检验了主观赋权法和客观赋权法。经分析对比，发现主观赋权法更为科学，但并未明确该评价体系应采用哪种具体方法，全文仅提出了区域生态持续性评价的概念框架（见表 2.6）。

表 2.6　区域生态持续性评价的概念框架

	一级指标	二级指标
区域生态持续性	生态风险/胁迫	干旱、洪涝、风雪霜冻、滑坡与泥石流等自然灾害风险指标
		人口密度、路网密度与农田/建设用地比例等人类活动指标
	生态系统健康	生态系统活力
		生态系统组织力
		生态系统恢复力
		生态系统服务
	生态可持续能力	自然生态基底
		经济实力
		社会组织
		科技创新能力

资料来源：彭建，吴健生，潘雅婧，等．基于 PSR 模型的区域生态持续性评价概念框架 ［J］．地理科学进展，2012，31（7）：933-940.

彭靓宇和徐鹤（2013）在《基于 PSR 模型的区域环境绩效评估研究——以天津市为例》中指出，近年来环保投入和环境污染治理投资逐年增加，需要建立环保投入成效和环保产出的环境绩效评估体系。两位学者根据"压力—状态—响应（PSR）"模型，以政策相关性、数据可得性、完备性和精简有效性的原则，构建了天津市环境绩效评估指标体系。该指标体系分为目标层、准则层和指标层三个层次，同时设置了城市生态系统活力、环境质量、资源利用效率、污染控制、环保基础设施建设、气候变化和环境治理七个指标类别，并采用目标渐进法对各指标进行数据标准化处理，用德尔菲法确定各指标的权重。研究所用数据来源于历年《中国统计年鉴》《天津统计年鉴》《天津环境状况公报》《天津市国民经济和社会发展统计公报》《天津市环境质量报告书》。天津环境绩效评估指标体系如表 2.7 所示。

表2.7 天津环境绩效评估指标体系

目标层	准则层	指标类别	序号	类别	指标层	权重	目标值	目标值确定依据
减缓环境恶化和改善环境状态	压力与状态	城市生态系统活力（0.183）	1	绿化	人均公园面积（平方米/人）	0.021	12	天津生态市建设规划指标体系2010年目标值
					建成区绿化覆盖率（%）	0.028	40	世界卫生组织/《国家环境保护"十一五"规划》/天津"十一五"规划（天津"十二五"规划目标值为35）
			2	水资源	水资源缺乏指数	0.043	0.4	专家意见，耶鲁大学和哥伦比亚大学合作的CEPI项目
			3	生物多样性及栖息地	受保护地面积占国土面积比例（%）	0.019	15	天津生态市建设规划指标体系2010年目标值
					近海海域功能区水质达标率（%）	0.014	100	理想状态
			4	森林	森林蓄积量变化	0.015	时间2至时间1的森林蓄积量的比率≥1	专家意见，耶鲁大学和哥伦比亚大学合作的CEPI项目
					森林覆盖率的变化	0.018	时间2与时间1的森林覆盖率的比率≥1	专家意见，耶鲁大学和哥伦比亚大学合作的CEPI项目
			5	农业与土地管理	农药使用强度（kg/ha）	0.015	3	国家级生态示范区建设指标
					化学肥料的使用强度（kg/ha）	0.011	250	生态县建设指标

续表

目标层	准则层	指标类别	序号	类别	指标层	权重	目标值	目标值确定依据
减缓环境恶化和改善环境状态	压力与状态	环境质量 (0.257)	6	大气	大气环境质量达到二级标准的天数比例（%）	0.028	100	理想状态（天津"十二五"规划目标值为 85 以上）
					NO₂ 浓度(ug/m³)	0.015	≤60	中国(世界卫生组织没有年度指数目标)
					SO₂ 浓度(ug/m³)	0.015	≤40	世界卫生组织（≤80ug/m³ 中国）
					PM10 浓度（mg/m³）	0.019	0.02	世界卫生组织（≤0.1mg/m³ 中国）
			7	地表水环境质量	国控河流断面优于Ⅲ类比例（%）	0.024	100	理想状态
					国控河流断面劣Ⅴ类比例（%）	0.026	0	理想状态
					集中式饮用水源水质达标率（%）	0.027	100	生态市建设指标
			8	噪声	中心城区区域环境噪声平均声级	0.030	<56	2012 年天津环保工作要点
					道路交通噪声平均声级(分贝)	0.021	<70	2012 年天津环保工作要点
			9	固体废弃物	城市废弃物强度（千克/人）	0.020	缺乏具体目标要求	
					工业固体废弃物强度(千克/千元)	0.016	缺乏具体目标要求	
					危险废弃物强度（千克/千元）	0.018	缺乏具体目标要求	

目标层	准则层	指标类别	序号	类别	指标层	权重	目标值	目标值确定依据
减缓环境恶化和改善环境状态	响应	资源利用效率（0.150）	10	—	单位 GDP 能耗（吨标准煤/万元）	0.047	≤0.9	生态市建设指标（天津"十一五"规划为降低15%以上，天津"十二五"规划为降低18%以上）
			11	—	单位 GDP 水耗（立方米/万元）	0.041	25	天津生态市建设规划指标体系2010年目标值
			12	—	农业用水效率（立方米/万元）	0.030	每年减少30%	国家"十一五"规划
			13	—	工业用水效率（立方米/万元）	0.032	每年减少30%	国家"十一五"规划
		污染控制（0.141）	14	—	二氧化硫排放强度（吨/亿元）	0.069	45	生态县建设指标
			15	—	COD 排放强度（吨/亿元）	0.073	35	生态县建设指标
		环保基础设施建设（0.114）	16	—	城市污水处理率（%）	0.045	90	天津生态市建设规划指标体系2010年目标值（天津"十二五"规划目标值为95）
			17	工业废气达标排放率	工业二氧化硫达标排放率（%）	0.019	100	理想状态
					工业烟尘达标排放率（%）	0.019	100	理想状态
			18	固体废弃物利用处理率	工业固体废弃物综合利用率（%）	0.014	98	天津生态市建设规划指标体系2010年目标值
					城市生活垃圾无害化处理率（%）	0.017	90	天津生态市建设规划指标体系2010年目标值

续表

目标层	准则层	指标类别	序号	类别	指标层	权重	目标值	目标值确定依据
减缓环境恶化和改善环境状态	响应	气候变化 (0.076)	19	碳排放	二氧化碳强度 (吨/万元)	0.037	缺乏具体目标要求	
					人均二氧化碳排放量 (吨/人)	0.039	缺乏具体目标要求	
		环境治理 (0.079)	20	—	工业污染治理投资占 GDP 的百分比 (%)	0.079	缺乏具体目标要求	

资料来源：彭靓宇，徐鹤. 基于 PSR 模型的区域环境绩效评估研究——以天津市为例［J］. 生态经济（学术版），2013（1）：358-362.

　　田艳芳和周虹宏（2021）在《上海市城市生态环境质量综合评价》中提到，城市生态环境质量评价对城市质量管理和城市可持续发展具有重要意义。研究针对上海市生态特征和发展变化趋势，以环境保护为立足点，从自然、社会和经济三个角度出发，构建城市生态环境质量综合评价指标体系。该体系包括自然生态环境指标层、社会发展环境指标层和经济系统环境指标层三个方面，在三大指标层下又设立多个具体指标。利用熵值法及环境质量综合评价指数的评价方法，对上海的自然环境、社会环境、经济环境质量和城市生态环境质量综合指数进行评价。所用数据全部来源于 2010~2017 年《上海市统计年鉴》《上海市国民经济和社会发展统计公报》《上海市水资源公报》等，城市生态环境质量评价指标体系如表2.8 所示。

表 2.8　城市生态环境质量评价指标体系

目标层	准则层	次准则层	子指标层	权重	指标属性
上海市城市生态环境质量 A	自然生态环境 B₁ (0.3491)	环境空气质量 C₁ (0.1277)	二氧化硫浓度 D₁	0.0430	负向
			二氧化氮浓度 D₂	0.0422	负向
			可吸入颗粒物（PM10）浓度 D₃	0.0425	负向
		水环境质量 C₂ (0.0429)	水资源总量 D₄	0.0429	正向
		声环境质量 C₃ (0.0882)	区域环境噪声值 D₅	0.0439	逆向
			交通干线噪声值 D₆	0.0443	逆向
		生物环境质量 C₄ (0.0903)	人均公共绿地面积 D₇	0.0452	正向
			城市绿化覆盖率 D₈	0.0451	正向
	社会发展环境 B₂ (0.3891)	人口因素 C₅ (0.0863)	人口密度 D₉	0.0427	正向
			人口增长率 D₁₀	0.0436	正向
		资源配置 C₆ (0.1343)	每万人拥有公交车辆 D₁₁	0.0454	正向
			人均道路面积 D₁₂	0.0458	正向
			人均生活用水量 D₁₃	0.0431	正向
		污染控制 C₇ (0.1685)	万元 GDP SO₂ 排放强度 D₁₄	0.0429	逆向
			工业固体废弃物利用率 D₁₅	0.0416	正向
			城镇污水集中处理率 D₁₆	0.0431	正向
			生活垃圾无害化处理率 D₁₇	0.0409	正向
	经济系统环境 B₃ (0.2618)	经济收入 C₈ (0.1308)	城乡收入比 D₁₈	0.0442	正向
			GDP 增长率 D₁₉	0.0442	正向
			人均 GDP D₂₀	0.0424	正向
		产业结构 C₉ (0.0865)	第二产业占 GDP 比重 D₂₁	0.0427	逆向
			第三产业占 GDP 比重 D₂₂	0.0438	正向
		可持续性 C₁₀ (0.0445)	环保投资占 GDP 比重 D₂₃	0.0445	正向

资料来源：田艳芳，周虹宏．上海市城市生态环境质量综合评价［J］．生态经济，2021，37（6）：185-192．

　　张鑫和张水平（2021）在《长三角地区绿色金融与生态环境耦合协调关系评价》中提出生态环境和绿色金融的耦合协调是实现区域可持续

发展的前提和基础。研究从绿色金融和生态环境相结合的角度，构建了绿色金融与生态环境评价指标体系，用以评价长三角地区绿色金融和生态环境系统的耦合程度，为绿色转型提供测度指标。该评价体系包括绿色金融和生态环境两个层面，在各层面下又设置了对应的具体指标，并对指标进行了含义解释。所用数据全部来源于中国工业经济统计年鉴、Choice 金融数据库、《中国环境统计年鉴》、人大经济论坛、国家统计局以及各省份的统计年鉴，使用熵值法和耦合协调发展模型对指标数据进行处理并赋予各指标权重。绿色金融与生态环境评价指标体系如表 2.9 所示。

表 2.9　绿色金融与生态环境评价指标体系

目标层	准则层	指标层	权重	性质
绿色金融	绿色信贷	高耗能产业利息支出占比	0.102	负向
	绿色证券	环保企业总产值/A 股总市值（%）	0.065	正向
	绿色投资	环境污染治理投资额/地区 GDP（%）	0.112	正向
	碳金融	二氧化碳排放量（万吨）	0.064	负向
生态环境	生态环境压力	工业废水排放量（万吨）	0.065	负向
		工业废气排放量（亿立方米）	0.078	负向
		工业固体废弃物产生量（万吨）	0.103	负向
	生态环境状态	建成区绿化覆盖率（%）	0.079	正向
		人均公园绿地面积（平方米/人）	0.061	正向
		城市污水日处理能力（万立方米）	0.122	正向
	生态环境响应	工业固体废弃物综合利用率（%）	0.068	正向
		生活垃圾无害化处理率（%）	0.081	正向

资料来源：张鑫，张水平．长三角地区绿色金融与生态环境耦合协调关系评价［J］．绥化学院学报，2021，41（6）：16-19.

黄强等（2009）在《地方政府社会管理能力绩效评价指标体系构建——基于网络治理的局限性》中提出，我国地方政府在社会管理能力绩效评价方面存在诸多不足。为完善其评价能力，需重新构建绩效评价指标体系。黄强等将政府绩效评估与网络治理理论相结合，在能力导向和结果导向原则下，构建了一套由政府、非政府组织（NGO）、居民三方共同进行评估的地方政府社会管理能力绩效评价指标体系。该指标体系以政府管理能力为导向，从社会管理目标制定、社会管理目标执行、社会管理目标修正和网络化的社会管理四个领域进行分析，各领域下又划分若干维度，每个维度下对应设置若干评估指标，并按最高积分法将指标转化为评价值，用层次分析法赋予每一个指标不同的权重。同时还提出，应建立相应的保障机制，保证指标体系得以合理应用。地方政府社会管理能力绩效评价指标体系如表 2.10 和表 2.11 所示。

表 2.10　以政府为目标群体的地方政府社会管理能力绩效评价指标体系

领域	维度	评估指标
社会管理目标制定	目标的合理性	目标是否以民意为导向
	目标制定主体	目标制定的主体是否多元化
		政府能否在政策制定中起好协调作用
	目标制定方法	是否由专业人员制定目标
	目标制定工具	有无预测长远目标的工具
		有无量化民意表达的工具
	目标作用人群的确定	目标人群占全体居民的比率
		目标人群的确定是否体现公平性
社会管理目标执行	配套政策制定	是否有配套政策保证社会管理目标的实现
	清廉度	每年政府官员涉案犯罪数
		每年群众投诉的次数
	政策宣传管理	政策宣传的工具是否多样化
		政策宣传是否有效
	目标执行工具	目标执行工具能否应对各种阻力
	危机管理	安全知识普及率
		灾后救助反应时间
		防灾宣传、培训讲座覆盖面
社会管理目标修正	革新管理	每年修正的社会管理政策的数量
	社会管理目标监督	是否有独立的监督机构
		民众监督的渠道是否通畅
	目标修正	目标修正后的执行情况

续表

领域	维度	评估指标
网络化的社会管理	政务公开	社会获得政府信息的便利性
		政府每年向社会公开征集社会管理方案的次数
	治理参与途径	治理参与途径是否多样化
		参与社会管理是否便利
	治理主体间合作	非政府组织、私人提供公共服务的比重
		共同治理是否取得良好的效果

资料来源：黄强，程旭宇，刘祺．地方政府社会管理能力绩效评价指标体系建构——基于网络治理的局限性［J］．福建论坛（人文社会科学版），2009（8）：136-139.

表 2.11　以 NGO、居民为目标群体的地方政府社会管理能力绩效评价指标体系

领域	维度	评估指标
社会管理目标制定	目标的合理性	目标是否以民意为导向
	目标制定主体	目标制定的主体是否多元化
		政府能否在政策制定中起到协调作用
	目标作用人群的确定	目标作用人群的确定是否体现公平性
	社会满意度	对于制定的社会管理目标是否满意
社会管理目标执行	配套政策制定	是否有配套政策保证社会管理目标的实现
	清廉度	社会对于政府官员是否满意
	政策宣传管理	政策宣传的工具是否多元化
		政策宣传是否有效
	危机管理	是否接受过危机处理培训
		是否参与过危机救助服务
	社会满意度	社会对于政府社会管理目标的执行是否满意
社会管理目标修正	革新管理	是否向政府提出改善社会管理的建议
	社会管理目标监督	是否对有关部门执行社会管理的职能进行监督
		民众监督的渠道是否通畅
	目标修正	目标修正后的执行情况
	社会满意度	社会对于政府社会管理目标的修正是否满意

领域	维度	评估指标
网络化的社会管理	政务公开	社会获得政府信息的便利性
		是否有查询不到相关信息的时候
	治理参与途径	治理参与途径是否多样化
		参与社会管理是否便利
	治理主体间合作	非政府组织、私人提供公共服务的比重
		共同治理是否取得良好的效果
	社会满意度	对于参与地方治理是否满意

资料来源：黄强，程旭宇，刘祺．地方政府社会管理能力绩效评价指标体系建构——基于网络治理的局限性［J］．福建论坛（人文社会科学版），2009（8）：136-139．

祁海军（2015）在《地方政府社会治理能力评估——以河南省为例》中提出，社会治理能力是反映国家治理体系和治理能力现代化的重要测度指标。2014年8月，人民论坛测评中心曾对河南省直管县治理能力进行评估排名，其结果显示人均GDP与治理能力之间不存在严格的正相关关系。因此，有必要对河南省辖市地方政府的社会治理能力进行全面的评估。地方政府社会治理能力评估与国家治理能力的全面评估不同，它是对国家治理总体框架下子系统的评估。该研究以人民论坛测评中心发布的国家治理评价指标体系为基础，进一步做出适当简化与改进，构建了新的评价指标体系。该体系包含4个一级指标：基本保障能力、宏观调控能力、财政能力、基层自治能力；各一级指标分别包含1~2个二级指标，用标准分数计算法对各类二级指标得出的数值进行处理，全部数据来源于2013年、2014年《河南省统计年鉴》。社会治理能力评估的指标体系如表2.12所示。

胡膨沂和王承武（2021）在《地方政府社会治理能力评价及提升路径——以江苏省为例》中提到，为响应"推进国家治理体系和治理能力现代化"的命题，结合地方政府社会治理能力指标体系的现状，构建了地方政府治理能力评价指标体系。从政治、经济、文化、社会、生态五个

表 2.12　社会治理能力评估指标体系

	一级指标	权重	二级指标	权重
河南地方政府社会治理能力	基本保障能力	0.25	养老保障能力	0.50
			医疗保障能力	0.50
	宏观调控能力	0.22	稳定物价能力	1.00
	财政能力	0.26	收入增长能力	0.51
			收支平衡能力	0.49
	基层自治能力	0.27	社会参与能力	1.00

资料来源：祁海军．地方政府社会治理能力评估——以河南省为例［J］．学习论坛，2015，31（8）：73-77.

方面选取了 5 个一级指标、10 个二级指标和 43 个三级指标，并用熵值法衡量各指标的权重，数据来源于《江苏省统计年鉴》《江苏省国民经济与社会发展统计公报》《江苏省环境状况公报》，以及江苏省人民政府官方网站开放模块数据。社会治理能力评估的指标体系如表 2.13 所示。

表 2.13　中国地方政府社会治理能力评价指标体系

一级指标	二级指标	三级指标	熵值	权重
政治治理能力 A	法制建设 A_1	人民群众对法制建设满意率 A_{11}（%）	0.834	0.014
		新增政府规章及行政规范性文件数量 A_{12}（件）	0.830	0.014
		行政复议与行政诉讼信息受理数量 A_{13}（件）	0.742	0.021
		监察委结案数量 A_{14}（件）	0.787	0.018
		办理人大代表建议及政协委员提案数量 A_{15}（件）	0.635	0.030
	公共安全 A_2	发布应急预案数量 A_{21}（件）	0.534	0.038
		刑事案件立案数 A_{22}（件）	0.764	0.020
		交通事故数 A_{23}（件）	0.753	0.020
		火灾事故数 A_{24}（件）	0.776	0.019
		工伤事故下降率 A_{25}（%）	0.680	0.026
		公共安全支出 A_{26}（亿元）	0.752	0.021

续表

一级指标	二级指标	三级指标	熵值	权重
经济治理能力 B	经济增长 B_1	GDP 增长率 B_{11}（%）	0.795	0.017
		固定资产投资增长率 B_{12}（%）	0.723	0.023
		进出口总额增长率 B_{13}（%）	0.703	0.025
		地方财政一般预算收入 B_{14}（亿元）	0.846	0.013
		规模以上工业增加值 B_{15}（%）	0.837	0.013
		第三产业增加值占地区生产总值比重 B_{16}（%）	0.829	0.014
	居民生活 B_2	居民人均可支配收入 B_{21}（元）	0.782	0.018
		恩格尔系数 B_{22}（%）	0.698	0.025
		城镇登记失业率 B_{23}（%）	0.755	0.020
		人均住宅建筑面积 B_{24}（m^2）	0.637	0.030
		居民消费价格指数 B_{25}	0.681	0.026
文化治理能力 C	科教发展 C_1	教育支出 C_{11}（亿元）	0.832	0.014
		普通高等院校在校生数 C_{12}（万人）	0.749	0.021
		人均受教育年限 C_{13}（年）	0.805	0.016
		万人发明专利拥有量 C_{14}（件）	0.731	0.022
		科技进步贡献率 C_{15}（%）	0.795	0.017
		R&D 经费占 GDP 比重 C_{16}（%）	0.799	0.017
	公共文化 C_2	文化艺术和文物事业机构数 C_{21}（个）	0.792	0.017
		文化体育与传媒支出 C_{22}（亿元）	0.812	0.016
		互联网宽带接入用户数 C_{23}（万户）	0.723	0.023
社会治理能力 D	社会保障 D_1	社会保障与就业支出 D_{11}（亿元）	0.759	0.020
		社会保险参保人数 D_{12}（万人）	0.455	0.045
		公共医疗卫生机构数 D_{13}（个）	0.084	0.076
		每个万人拥有的病床数 D_{14}（个）	0.769	0.019
	社会参与 D_2	社会组织数量 D_{21}（个）	0.830	0.014
生态治理能力 E	环境治理 E_1	节能环保支出 E_{11}（亿元）	0.849	0.013
		二氧化硫排放量降低率 E_{12}（%）	0.762	0.020
		PM2.5 平均浓度下降比例 E_{13}（%）	0.782	0.018
		全省环境空气质量优良天数比率 E_{14}（%）	0.834	0.014
	生态保护 E_2	建成区绿化覆盖率 E_{21}（%）	0.814	0.015
		人均公共绿地面积 E_{22}（m^2）	0.814	0.015
		工业废弃物综合利用率 E_{23}（%）	0.838	0.013

　　资料来源：胡膨沂，王承武．地方政府社会治理能力评价及提升路径——以江苏省为例[J]．科技和产业，2021，21（6）：52-57．

施雪华和方盛举（2010）在《中国省级政府公共治理效能评价指标体系设计》中，从政策、体制和行为三个视角设计了一套评价中国省级政府公共治理效能的指标体系。在设计指标体系时，遵循了职能原则、分类评价原则、价值导向原则、"二八"原则（又称侧重性原则）、系统原则和可操作性原则。为了设计出一套有效的评价指标体系，研究分析了三套在国内影响较大的地方政府绩效评价指标体系，并请上海、浙江、辽宁、湖南和云南五省份的相关专家学者以及政府部门的领导者对所提出的指标体系提供建议，并做出修改。三个不同方面的指标体系如表 2.14、表 2.15 和表 2.16 所示。

表 2.14　省级政府公共治理效能评价指标体系：政策效能

维度	对象	指标体系
社会管理与公共服务政策	公共教育	（1）预算内教育经费占财政支出的比重； （2）生均教育经费投入； （3）高中阶段毛入学率； （4）高等教育毛入学率
	科技事业	（1）R&D 经费占 GDP 比重； （2）人均财政性科技经费投入； （3）每万人发明专利申请量
	公共卫生与计划生育	（1）医疗卫生经费占财政支出比重； （2）人均医疗卫生费投入； （3）每万人拥有的病床数； （4）每万人拥有的医疗技术人员数； （5）人口出生率； （6）人口自然增长率
	社会保障与就业服务	（1）财政对社会保障的投入占财政支出的比重； （2）人均社保经费支出； （3）城镇基本养老保险覆盖率； （4）城镇基本医疗保险覆盖率； （5）城镇基本失业保险覆盖率； （6）每万人拥有的廉租住房或经济适用房面积； （7）城镇新增就业人口占总就业人口的比重
	公共设施	（1）人均财政性基本建设经费投入； （2）道路密度； （3）城市建成区绿化率； （4）每万人城镇社区服务设施数

续表

维度	对象	指标体系
社会管理与公共服务政策	资源、生态保护与节能减排	（1）污染治理投入占 GDP 的比重； （2）生活垃圾无害化处理率； （3）万元 GDP 能耗减低率； （4）耕地保护情况； （5）万元 GDP 用水量； （6）森林覆盖率
	公共安全与生产安全	（1）每万人刑事案件发案率； （2）每万人治安案件发案率； （3）每万人交通安全事故发生率； （4）群众的社会安全感； （5）亿元 GDP 生产事故死亡率
	新农村建设	（1）财政支持新农村建设资金占财政支出的比重； （2）农村新型合作医疗覆盖率； （3）农村养老覆盖率； （4）农村人均农林牧渔总产值； （5）小城镇人口比重
经济调节与市场监管政策	经济调节	（1）GDP 增长率； （2）财政收入占 GDP 比重； （3）第三产业占 GDP 的比重； （4）农村居民家庭纯收入增长率； （5）城市居民家庭可支配收入增长率； （6）城乡居民恩格尔系数； （7）外贸进出口增长率； （8）国有资产保值增值率
	市场监管	（1）每万人经济违法案件发生率； （2）每万人商品和服务投诉率； （3）消费者投诉问题解决率； （4）企业及公众对市场秩序的满意度； （5）社会信用体系建设与运行效能

表 2.15　省级政府公共治理效能评价指标体系：体制效能

行政投入	单位公务人力资源投入 所带来的行政产出（万人）	单位行政管理费用投入 带来的行政产出（亿元）
行政产出	GDP	GDP
	地方财政收入	地方财政收入
	外贸出口额	外贸出口额

续表

行政投入	单位公务人力资源投入所带来的行政产出（万人）	单位行政管理费用投入带来的行政产出（亿元）
行政产出	高中阶段毛入学率	高中阶段毛入学率
	大学阶段毛入学率	大学阶段毛入学率
	发明专利申请量	发明专利申请量
	技术市场成交额	技术市场成交额
	医卫技术人员数	医卫技术人员数
	医卫病床数	医卫病床数
	新增就业岗位数	新增就业岗位数
	农林牧渔总产值	农林牧渔总产值
	人口出生率（逆）	人口出生率（逆）
	农村居民人均可支配收入	农村居民人均可支配收入
	城镇居民人均年收入	城镇居民人均年收入
	基本养老保险人数	基本养老保险人数
	城镇基本医疗保险人数	城镇基本医疗保险人数
	城镇基本失业保险人数	城镇基本失业保险人数
	农村基本养老保险人数	农村基本养老保险人数
	城市污水处理能力	城市污水处理能力
	生活垃圾无害化处理率	生活垃圾无害化处理率
	万元 GDP 能耗减低率	万元 GDP 能耗减低率
	年造林面积	年造林面积
	城镇社区服务设施数	城镇社区服务设施数
	企业及公众对市场秩序的满意度	企业及公众对市场秩序的满意度
	公众对社会安全的满意度	公众对社会安全的满意度

表 2.16 省级政府公共治理效能评价指标体系：行为效能

维度	指标	备注
决策行为	（1）政府工作人员对决策听证与公示情况的评价； （2）政府工作人员对专家咨询与评估情况的评价； （3）政府工作人员对决策程序化和规范化的评价； （4）政府工作人员对决策责任追究的评价	

续表

维度	指标	备注
执行行为	（1）行政管理费占财政支出的比重； （2）每万人口中公务员的比例； （3）政府网站运行效能； （4）每万名公务员中行政案件的发案率； （5）公众对政府机关执法水平的评价； （6）公众对行政审批效率的评价； （7）公众对机关作风的满意度评价	
监控行为	（1）每万名公务员中受纪律处分的党员干部人数； （2）每万名公务员中职务犯罪案件的发案率； （3）每万名公务员中职务犯罪发案人数； （4）专家对政府政务公开情况的评价； （5）政府工作人员对公务员考核制度实施情况的评价	

资料来源：施雪华，方盛举. 中国省级政府公共治理效能评价指标体系设计［J］. 政治学研究，2010（2）：56-66.

李靖等（2020）在《我国地方政府治理能力评估及其优化——基于吉林省的实证研究》中指出，国家权力在地方的延伸和国家意志的体现都集中于地方政府，因此从地方政府治理能力评估和优化的角度出发，构建地方政府治理能力评价指标体系。该指标体系借鉴国际上对政府治理能力评价的指标，包含政治治理能力、经济治理能力、文化治理能力、社会治理能力和生态治理能力5个一级指标，下设12个二级指标和40个三级指标。所用数据来源于2014~2016年的《吉林省国民经济和社会发展统计公报》《吉林省统计年鉴》《吉林省环境状况公报》《吉林省社会治安状况统计》，来源于2014~2016年吉林省各地市的国民经济和社会发展统计公报，以及这个时间段权威媒体相关新闻报道的统计数据，如《人民日报》《吉林日报》《长春日报》等。研究采用熵值法对指标赋权，对相应分数进行计算即可获得吉林省政府治理能力和治理效能的直接结果。该研究构建的地方政府治理能力评价指标体系如表2.17所示。

表 2.17 我国地方政府治理能力评价指标体系

一级指标	二级指标	三级指标
政治治理能力 A	法制建设 A_1	新增法律法规以及规范性文件数量 A_{11}（件）
		专职司法助理员 A_{12}（人）
		违法立案数量 A_{13}（件）
		贪污贿赂立案数量 A_{14}（件）
		办理人大代表建议和政协委员提案数 A_{15}（件）
	公共安全 A_2	灾害预警数量 A_{21}（次）
		亿元 GDP 生产安全事故死亡人数 A_{22}（人）
		刑事案件破案率 A_{23}（%）
		公共安全支出占财政支出比例 A_{24}（%）
		治安案件破案率 A_{25}（%）
经济治理能力 B	经济增长 B_1	GDP 增长率 B_{11}（%）
		固定投资增长率 B_{12}（%）
		利用外资增长率 B_{13}（%）
	经济效益 B_2	第三产业 GDP 增长率 B_{21}（%）
		万元规模以上工业增加值能耗降低率 B_{22}（%）
		工业产品抽查合格率 B_{23}（%）
	人民生活 B_3	居民消费价格指数 B_{31}
		农村恩格尔系数 B_{32}（%）
		城镇恩格尔系数 B_{33}（%）
		人均可支配收入 B_{34}（元）
文化治理能力 C	教育发展 C_1	教育支出增长率 C_{11}（%）
		中小学生在校数量 C_{12}（所）
		高等院校学生占总人口比例 C_{13}（%）
	科技发展 C_2	专利申请量增长率 C_{21}（%）
		科技支出增长率 C_{22}（%）
	公共文化 C_3	博物馆参观人次 C_{31}（人次）
		文化支出增长率 C_{32}（%）
		每万人文化馆/公共图书馆/博物馆数量 C_{33}（个）
社会治理能力 D	社会保障 D_1	社会保障支出增长率 D_{11}（%）
		基本生活困难救助资金 D_{12}（亿元）
		基本养老保险覆盖增长率 D_{13}（%）

续表

一级指标	二级指标	三级指标
社会治理能力 D	社会参与 D_2	购买公共服务支出增长率 D_{21}（%）
		社会组织数量 D_{22}（个）
		主动公开信息增长率 D_{23}（%）
生态治理能力 E	生态保护 E_1	环保支出增长率 E_{11}（%）
		人均绿地面积 E_{12}（平方米）
		自然保护区占全省面积比率 E_{13}（%）
	环境治理 E_2	城市环境空气质量优良天数比例 E_{21}（%）
		一般工业固体废弃物利用处置率 E_{22}（%）
		二氧化硫排放量降低率 E_{23}（%）

资料来源：李靖，李春生，董伟玮. 我国地方政府治理能力评估及其优化——基于吉林省的实证研究［J］. 吉林大学社会科学学报，2020，60（4）：62-72+236.

王芳等（2020）在《基于大数据应用的政府治理效能评价指标体系构建研究》中阐述了运用大数据提升政府治理效能的重要性。该文以政府效能和政府治理理论为基础，结合大数据的应用，遵循针对性、价值导向、可操作性和动态性原则，构建评价指标体系。研究采用VFT分析法选取指标，经过反复比较和归纳，最终形成了4个一级指标、19个二级指标和38个三级指标。研究主要结合专家调查法和层次分析法（AHP）确定一级指标和二级指标的权重，并通过研究小组根据评价的目标讨论确定三级指标权重，最后将指标权重进行加权计算即可得到政府治理效能的评价结果。基于大数据应用的政府治理效能评价指标体系如表2.18所示。

段易含（2021）在《地方政府治理效能评价中的营商政务环境指标：文献回顾与指标设计》中梳理了国内外关于营商政务环境和地方政府治理效能等方面的研究，对国内典型地方政府治理效能评价指标体系及营商政务环境指标进行了简要总结（见表2.19）。研究基于"投入—管理—产出—影响"的分析框架，构建适用于我国国情的地方政府治理效能指标体系，包括硬件条件、软件条件和服务水平三个方面，各方面下设了多个

表 2.18 指标体系及权重计算结果

目标	一级指标	权重	二级指标	本一级指标内权重	最终权重	三级指标	本二级指标内权重	三级指标最终权重
大数据提升政府治理效能评价指标体系	治理绩效 A1	0.4729	行政效率 B1	0.1223	0.0578	一网通办（政府网站一网通办的建设情况）C1-1	0.50	0.0289
						一站式服务（政府服务事项中可全程在线办理的事项占比）C1-2	0.35	0.0202
						政府网站留言平均办理时间 C1-3	0.15	0.0087
			经济增长 B2	0.0900	0.0425	信息传输、软件与信息技术服务业经济增长值占 GDP 比重 C2-1	0.55	0.0234
						信息传输、软件与信息技术服务业经济增长值增速 C2-2	0.45	0.0191
			行业监管 B3	0.0981	0.0464	城市综合信用指数 C3-1	1.00	0.0464
			公共服务 B4	0.1649	0.0780	环境空气质量综合指数 C4-1	0.05	0.0039
						每万人交通事故案件发生率 C4-2	0.40	0.0312
						大数据研究项目立项数 C4-3	0.15	0.0117
						每万人治安案件查处数 C4-4	0.40	0.0312
			社会治理 B5	0.1755	0.0830	互联网治理综合指数 C5-1	0.20	0.0166
						利用大数据进行社会救助的事件数 C5-2	0.35	0.0290
						舆情应对不当或失误的事件数 C5-3	0.45	0.0373
			权力监督 B6	0.1599	0.0756	利用大数据反腐的案例数量 C6-1	1.00	0.0756
			数据开放 B7	0.0567	0.0268	数据开放综合指数 C7-1	1.00	0.0268
			智慧城市 B8	0.1327	0.0627	智慧城市综合指数 C8-1	1.00	0.0627

续表

目标	一级指标	权重	二级指标	本一级指标内权重	最终权重	三级指标	本二级指标内权重	三级指标最终权重
大数据提升政府治理效能评价指标体系	治理能力A2	0.2487	行业监管能力B9	0.1442	0.0358	省级或市级平台建设的完善程度C9-1	1.00	0.0358
			公共服务能力B10	0.4748	0.1181	教育大数据平台建设情况C10-1	0.12	0.0147
						卫生健康大数据平台建设情况C10-2	0.17	0.0196
						气象部门大数据平台建设情况C10-3	0.12	0.0147
						生态环境大数据平台建设情况C10-4	0.12	0.0147
						人力资源和社会保障大数据平台建设情况C10-5	0.12	0.0147
						大数据智能交通平台建设情况C10-6	0.17	0.0196
						公安或警情大数据平台建设情况C10-7	0.17	0.0198
			组织领导能力B11	0.1197	0.0298	信息中心最高行政级别C11-1	0.17	0.0050
						信息中心总数C11-2	0.25	0.0074
						政府大数据中心最高行政级别C11-3	0.25	0.0074
						政府大数据中心总数C11-4	0.33	0.0099
			数据技术能力B12	0.2614	0.0650	数据开放平台网站建设情况C12-1	0.40	0.0260
						"12345"网站建设情况C12-2	0.40	0.0260
						政务云平台建设情况C12-3	0.20	0.0130

续表

目标	一级指标	权重	二级指标	本一级指标内权重	最终权重	三级指标	本二级指标内权重	三级指标最终权重
大数据提升政府治理效能评价指标体系	制度保障A3	0.1698	法规政策B13	0.3624	0.0615	省市级大数据政策法规数量C13-1	1.00	0.0615
			技术标准B14	0.1952	0.0332	大数据相关技术标准总数C14-1	1.00	0.0332
			信息安全管理制度B15	0.1729	0.0294	数据安全或信息安全管理办法制定情况C15-1	1.00	0.0294
			绩效问责制度B16	0.2694	0.0458	绩效评估制度C16-1	1.00	0.0458
	公众参与A4	0.1086	政务微信热度B17	0.2222	00241	市政务微信订阅数C17-1	1.00	0.0241
			政务微博热度B18	0.1111	0.0121	市政务微博粉丝数量C18-1	1.00	0.0121
			政府网站公众参与决策情况B19	0.6667	0.0724	政策决策公众意见征集数量C19-1	1.00	0.0724

资料来源：王芳，张百慧，杨灵芝，等．基于大数据应用的政府治理效能评价指标体系构建研究［J］．信息资源管理学报，2020，10（2）：17-28.

表 2. 19　国内典型地方政府治理效能评价指标体系及营商政务环境指标

典型指标体系	代表性一级指标	涉及营商政务环境的次级指标	指标设定与评价方法
中国治理评估框架（俞可平，2008）	民主、法治政务公开行政效益政府责任	行政成本行政能力电子政务公民对政府服务的满意度一站式服务的普及率	主要考察政府对社会政治经济发展的重大战略目标的实现程度；通过征求专家意见和方法来确定指标
省级政府公共治理效能评价指标体系（施雪华、方盛举，2010）	政策效能体制效能行为效能	企业及公众对市场秩序的满意度对政府网站运行、对行政审批效率、对机关作风、政务公开等的评价	根据政府公共治理效能的决定性因素不同，确定评价指标体系；对比并借鉴国内典型评价指标体系来确立评价指标
地方政府治理效能评估指标体系（赵如松等，2017）	基础管理健全度职能职责履行度权力行使规范度行政服务供给度	窗口服务标准化网上办事功能办事指南数据共享和数据库架设政务信息公开	借鉴典型评估框架并结合上海市数据，找到与政府效能建设之间的内在关联，最终确定有序排列组合后的统一集群
大数据提升政府治理效能评价指数（蓝芳，2019）	治理绩效治理能力制度保障公众参与	行政效率行业监管数据开放政务微信热度政务微博热度	在政策分析和专家调研基础上，运用 VFT 原理确立指标体系，运用德尔菲法与 AHP 方法确立指标权重

具体指标。该体系中的指标主要包含主观指标和客观指标，是一种动态且更合理的测量方法。主要采用主观赋值和客观赋值的方式确定指标权重，主观赋值选用层次分析法，客观赋值选用主成分分析法。指标所用数据采用政府部门统计数据和实地调查数据相结合的方式，综合参考国家统计年鉴、地方年度统计公报、部门统计数据等政府部门统计数据，以及第三方评估报告、CGSS 调查数据、区域性问卷调查等实地调查数据。地方政府治理效能评价中的营商政务环境评价指标体系如表 2. 20 所示。

表 2.20　地方政府治理效能评价中的营商政务环境指标体系

分析框架			营商政务环境指标			指标类型
			硬件条件	软件条件	服务水平	
地方政府治理效能评价	投入	人力	牵头的工作组和人员	牵头的工作组和人员	牵头的工作组和人员	客观指标
			参与的部门和人员	参与的部门和人员	参与的部门和人员	
		物力	办公场地建设	政务云平台建设	智慧政务服务建设	客观指标
			配套硬件设施建设	配套软件设施建设	服务窗口设置	
		财力	场地建设资金投入	工作人员福利投入	政策补贴资金投入	客观指标
			配套设施资金投入	配套设施资金投入	金融信贷资金投入	
	管理	前期准备	宣传与动员	宣传与动员	宣传与动员	客观指标
			沟通协调	沟通协调	开展培训	
		政策措施	政务服务中心场地建设	政务服务机构调整	信息咨询服务	客观指标
			效能配套设施	审批事项梳理	办事引导服务	
			便民配套设施	办事指南梳理	意见反馈服务	
		保障机制	"一把手"工程	"一把手"工程	"一把手"工程	客观指标
			行业监督	行业监督	行业监督	
			部门标准化建设	部门标准化建设	部门标准化建设	
			法律法规保障	法律法规保障	法律法规保障	
	产出	操作流程	硬件操作流程规范化	硬件操作流程规范化	事项办理流程规范化	客观指标
			硬件操作流程简化	硬件操作流程简化	事项办理流程简化	
		数据技术	数据处理设备匹配性	操作系统兼容性	信息公开程度	客观指标
			其他相关设备匹配性	政务云平台体量	数据开放程度	
		政策实施效果	政务服务中心建成情况	机构调整完成率	咨询受理率和解决率	客观指标+主观指标
			效能设施使用率	审批事项梳理完成率	办事引导效率	
			便民设施使用率	办事指南梳理完成率	意见反馈效率	
	影响	工作人员	知晓度	知晓度	知晓度	主观指标
			满意度	满意度	满意度	
			获得感	获得感	获得感	
		办事群众	知晓度	知晓度	知晓度	主观指标
			满意度	满意度	满意度	
			获得感	获得感	获得感	

资料来源：段易含. 地方政府治理效能评价中的营商政务环境指标：文献回顾与指标设计
[J]. 行政与法，2021（4）：70-79.

考燕鸣等（2009）在《地方政府债务绩效考核指标体系构建及评价模型研究》中提出，债务运营管理是评价地方政府债务绩效的重要方面，寻找债务风险和收益之间的平衡，有助于提高债务产出水平。因此考燕鸣等在投入产出理论和"4E"理论的基础上，构建地方政府债务绩效考核指标体系。体系包括债务的投入、过程、结果和外部效应四个层面的一级指标，各一级指标下设二级指标，并设有51个具体考核指标。运用德尔菲法和主成分分析法对各项指标赋权，所用数据全部来自2006年《中国统计年鉴》。地方政府债务绩效考核指标体系如表2.21所示。

表 2.21　地方政府债务绩效考核指标体系

一级指标	二级指标	三级指标
投入类指标	结构类指标	外债比率、短期债务比率、担保债务率、直接显性债务率、城乡债务投入比率
	导向类指标	债务对农业综合开发投入比、债务对教育基础设施配套资金投入比、解决地方金融风险专项借款额、债务对本地基建投入比率、债务对环境治理投入资金比率
过程类指标	运作过程指标	财政偿债率、债务依存度、债务资金到位率、专款专用率、债务偿还率
	管理过程指标	债务逾期率、偿债准备金率、债务资金运作监管体系完善度、信息披露制度完善度、债务管理制度和程序规范完善度、债务管理行政开支与债务成本节约的比率、政府债务纠纷案发案率
结果类指标	经济指标	地方生产总值指数、农林牧渔业总产值指数、社会消费品零售总额增长率、职工平均工资增长率、城镇居民人均可支配收入增长率、农村居民人均纯收入增长率、居民储蓄存款余额增长率、企业存款余额增长率、税收增长率
	效率指标	债务投入基建项目竣工率、债务投入科研项目按期结项率、债务投入环境治理项目竣工率
	质量指标	就业率、增长率、社保支出增长率、城镇化率、高等教育在校学生数增长率、高新技术企业数增长率、城市人均绿地面积增长率、地方产业协调水平增长率

一级指标	二级指标	三级指标
外部效应类指标	经济效应类指标	外商投资额增长率、私营经济投资额增长率、年度消费物价指数环境污染指数
	社会效应类指标	公众安全感指数增长率、居民幸福感指数、居民对政府工作满意度增长率、刑事案件发案率降低率、交通事故死亡率降低率、应付突发事件和自然灾害能力增长率

资料来源：考燕鸣，王淑梅，马静婷. 地方政府债务绩效考核指标体系构建及评价模型研究 [J]. 当代财经，2009（7）：34-38.

张吉军等（2018）在《高质量发展背景下地方政府债务绩效评价体系构建与实证——以湖北省为例》中提出实现我国经济高质量发展，需要防范化解重大金融风险。科学有效地评价地方政府债务支出的绩效，有助于提高地方政府债务利用质量。通过梳理现有学者的研究，坚持经济、效率、效果和公平的原则，构建了包含输入、对象、处理和输出四个阶段的地方政府债务绩效评价体系，该体系包含 4 个一级指标和 23 个二级指标。使用层次分析法（AHP）和"4E"评价法确定地方政府债务绩效评价的一级指标和二级指标，使用专家打分法和模糊综合评价法确定各指标的权重。地方政府债务绩效评价体系框架如表 2.22 所示。

表 2.22 地方政府债务绩效评价体系框架

指标阶段	一级指标	分值	指标类型		具体指标（二级指标）	分值
			次一级指标			
输入阶段	效果性指标（A）	30	目标效果（A_1）		债务绩效目标（A_{11}）、绩效目标明确性（A_{12}）	20
			经济效果（A_2）		地方人均负债额（A_{21}）、债务增长率（A_{22}）	5
			社会效果（A_3）		财政赤字率（A_{31}）、债务逾期率（A_{32}）	5

续表

指标阶段	一级指标	指标类型		具体指标（二级指标）	分值
		分值	次一级指标		
对象阶段	经济性指标（B）	20	结构经济（B_1）	负偿还责任债务率（B_{11}）、总债务率（B_{12}）	5
			方向经济（B_2）	债务投向基础建设的比率（B_{21}）、债务投向生态环保的比率（B_{22}）、债务投向民生建设的比率（B_{23}）	15
处理阶段	效率性指标（C）	30	配置效率（C_1）	债务资金到位比率（C_{11}）、专款专用比率（C_{12}）	5
			管理效率（C_2）	债务管理制度完善度（C_{21}）、债务资金运作监管情况（C_{22}）、债务信息披露制度的完善度（C_{23}）、债务纠纷案发比率（C_{24}）	20
			使用效率（C_3）	债务投入项目竣工或结项比率（C_{31}）、债务项目的投入收益率（C_{32}）	5
输出阶段	公平性指标（D）	20	经济公平（D_1）	地方 GDP 变化率与债务变化率的比例（D_{11}）、固定投资地方项目变化率与债务变化率的比例（D_{12}）	10
			社会公平（D_2）	失业变化率（D_{21}）、CPI 指数变化率（D_{22}）	10
总计		100			100

资料来源：张吉军，金荣学，张冰妍. 高质量发展背景下地方政府债务绩效评价体系构建与实证——以湖北省为例［J］. 宏观质量研究，2018，6（4）：32-44.

李秀（2021）在《我国地方财政可持续发展的评价与测度》中提出财政可持续发展是地区经济持续健康发展的关键，从财政可持续性的角度出发，建立地方财政可持续发展的指标体系。该指标体系包括投入可持续性、管理可持续性、收入可持续性和目标可持续性 4 个一级指标，各一级指标下分别设有二级指标。通过运用熵权法确定各指标的权重，所用数据主要来源于《中国统计年鉴 2019》、除西藏外的各省份 2019 年统计年鉴、财政局网站以及统计年报。地方财政可持续发展评价指标体系如表 2.23 所示。

表 2.23　地方财政可持续发展评价指标体系

一级指标	观测指标	观测指标比重（%）	一级指标比重（%）
投入可持续性	教育支出占比	10.30	35.78
	社会保障和就业支出占比	15.47	
	医疗卫生与计划生育支出占比	10.01	
管理可持续性	地方政府债务限额	6.29	12.99
	一般公共预算收支差额	6.70	
收入可持续性	直接税占比	14.23	22.03
	间接税占比	7.80	
目标可持续性	GDP 增速	5.66	29.20
	居民人均可支配收入	23.54	

资料来源：李秀．我国地方财政可持续发展的评价与测度［J］．陇东学院学报，2021，32（2）：9-12.

2.3　研究评述

通过对国内外相关文献进行梳理发现，相较于外国学者在城市可持续发展能力评价研究上的成果经验，国内学者更多关注环境方面，而对社会以及政府治理能力相关内容讨论不足，而且地区局限性较强。从整体来看，国内学者对中国城市可持续发展评价体系的研究大多围绕环境、社会、政府治理相关方面，与 ESG 概念非常相似。此外，国内外学者针对不同的研究对象都会选用不同的指标确定方法，目前在城市可持续发展能力评价体系构建和应用方面学界尚未形成统一观点，并且不同学者采用的评价体系也存在较大差异。

目前，国内对城市可持续发展的研究尚处于初步阶段，尚未形成适合我国国情的城市可持续发展能力评价体系。提升城市可持续发展能力是一个城市自然资源与环境支持、社会稳定发展、政府有效治理三者保持高度和谐的过程。城市 ESG 评价体系本身对自然资源和环境、社会发展、政府管理的关注高度符合我国实现经济社会高质量发展的战略目标。借鉴企业 ESG 评价体系在评估企业可持续发展能力上的成熟经验，本书将采用城市 ESG 评价体系作为工具衡量受评城市的可持续发展能力。具体构建方法及实践将在后续章节做出详细讨论。

第3章 城市可持续发展能力
评价指标体系

3.1 城市可持续发展能力评价
指标体系总体设计思路

3.1.1 评价指标体系设计的背景

城市可持续发展能力评价指标体系的建立既是政策背景的迫切要求，又是现实动因的强烈呼唤。2020 年 9 月习近平主席在第七十五届联合国大会上宣布，我国要力争在 2030 年前实现碳达峰、在 2060 年前实现碳中和。"双碳"目标的提出表明了我国全面向低碳发展模式转型的决心和信心。"绿水青山就是金山银山"，习近平总书记曾多次强调生态文明建设的重要性，并要求加大环境治理力度，这体现了经济、社会、生态三者协调统一的发展观。转变发展方式，不断提高城市可持续发展能力，并最终实现绿色发展，是我国社会主义现代化建设的必由之路，迫切要求地方政府治理体系与治理能力的综合提升。

"十四五"规划中强调，要"促进社会公平，增进民生福祉"，要"健全基本公共服务体系……完善共建共治共享的社会治理制度"，从而"不断增强人民群众获得感、幸福感、安全感"。这要求我国地方政府发展应更加重视对社会环境的影响，并不断完善社会治理体制，推进社会事业改革创新，实现社会主义和谐发展。党的十九届六中全会提出"全面深化改革的总目标是完善和发展中国特色社会主义制度，推进国家治理体系和治理能力现代化"。实现绿色可持续发展作为国家治理体系与治理现代化的重要内容，需要地方政府以身作则，不断提高可持续发展能力。在此背景下，亟须一套完善的城市可持续发展能力评价体系以衡量各城市的可持续发展能力，并在此基础上优化各城市的发展路径及制定合理可行的政策建议。

ESG，即环境、社会和治理，是社会责任投资的基础，也是绿色金融体系的重要组成部分。这种创新性的 ESG 准则的评价思想同样适用于城市可持续发展能力评价，通过关注"环境、社会、治理"三个方面的表现，对各城市在实现绿色发展、保障人民生活、维护社会稳定等方面的绩效做出科学合理的评价，并且与智慧城市评价、绿色发展能力评价、政府公共服务能力评价等相辅相成。

3.1.2 评价指标体系设计的总目标

3.1.2.1 以评促改，助力城市可持续发展

目前，ESG 评价体系大多用于企业的可持续发展能力评价之中。但是，随着自然灾害的频发、自然资源的枯竭、人均资源占有量递减等状况的威胁，推动可持续发展不仅需要企业积极承担社会责任，城市政府部门也应当指路领航、作出表率。

3.1.2.2 以评为鉴，为社会机构提供参考

城市的可持续发展能力是企业能否长期稳定发展以及投资机构做出投资选择的必要考量。指标体系的建立不仅能够助力各城市具象投影完善自身行为，而且能为社会机构选择城市、举旗定向实施长远计划提供参考。

3.1.2.3 以评展拓，丰富 ESG 评价对象的选择

城市可持续发展能力评价指标体系从环境（E）、社会（S）、治理

（G）三个方面对各城市的可持续发展能力进行评估，这不仅拓宽了 ESG 研究涵盖的评价范围，而且能够促进 ESG 评价体系的发展。

3.1.3　评价指标体系设计的原则

为了切实、公正、高效地对我国各地级市的 ESG 表现进行评价，中国 ESG 研究院作为第三方评价主体，遵照以下三大原则：

3.1.3.1　实质性

在构建评价体系时，中国 ESG 研究院遵循实质性原则，做到有理可依，有据可循。基于对各个地级市单元的广泛了解和对各个指标的深刻解读，结合我国基本国情，对 ESG 评价指标体系进行了筛选与划分。ESG 评价指标的建立致力于将评价目的与评价指标相联系、将评价指标与实际数据相联系、将实际数据与改进实践相联系。评价指标的选取力求能够切实反映各城市的可持续发展实践，使评价结果具有实质价值与影响。

3.1.3.2　集成性

在构建评价体系时，中国 ESG 研究院遵循集成性原则。研究院以习近平新时代中国特色社会主义思想为指导，综合分析新时代我国社会经济可持续发展所面对的机遇与挑战，基于此充分参考国内外主流 ESG 评价体系和相关文献、信息与资料等，建立了基于 ESG 的城市可持续发展能力评价指标体系。例如，在环境（E）指标方面，侧重生态环境与经济结构之间的耦合效应对城市发展巨大的促进作用（程朋根等，2020），采用 P-S-R 概念模型构建环境（E）指标体系。在社会（S）指标方面，强调对城市营商环境的把握，参考李志军等（2021）对中国城市营商环境的评价及政策建议等。在治理（G）指标方面，研究院汇集各家所长，并在此基础上结合新时代可持续发展理念进行创新。例如，参考俞可平（2008）提出的国家治理评估框架中指标选取的深层逻辑进行创新性指标构建。

3.1.3.3　系统性

在构建评价体系时，中国 ESG 研究院遵循系统性原则，保证指标选取的正确性、科学性以及与评价对象的匹配性。在构建 ESG 评价体系的过程中，研究院充分考虑评价体系中的单个指标是否能够反映评价对象的某一方面，而且指标的综合又是否能够反映评价对象的整体情况等诸多问题，最终制定出层次分明、清晰全面的系统化和完整化评价体系。

3.1.4 指标体系评价的对象

根据中华人民共和国民政部官网的行政区划分，本次评价对象设定为我国 2021 年划分的除港澳台地区外的 337 个地级单元，包括北京、天津、上海、重庆 4 个直辖市，石家庄、太原、呼和浩特等 293 个地级市，大兴安岭、阿里、阿克苏等 7 个地区，延边朝鲜族、恩施土家族苗族等 30 个自治州以及锡林郭勒、阿拉善、兴安 3 个盟。

3.1.5 评价指标体系的评价方法

3.1.5.1 基础数据

所有被纳入中国 ESG 研究院城市可持续发展能力评价指标体系的基础数据均来自社会公开的信息，其来源主要包括政府工作报告、政府官网信息、中经网统计数据库、中国环境保护数据库、中国统计数据库、中国城市数据库、万方年鉴库、碳中和研究数据库、中国城市统计数据库、区域经济研究数据库等。

本评价指标体系共有 61 个三级指标，这些三级指标的数据收集主要由中国 ESG 研究院的具有丰富数据处理经验的助理研究员手工收集完成。为确保数据的准确性和可靠性，所获数据均经过反复核对，针对个别需要进一步计算的数据均经过反复交叉核实。本书的研究手段包括：①定性分析：梳理国内外相关研究文献，对国内外城市可持续发展评价指标体系进行定性比较；梳理权威文献，将与城市可持续发展评价相关的内容进行归纳总结。②定量分析：对国内外城市可持续发展评价指标体系的评价结果的相关性进行定量比较；对收集到的能够衡量各城市可持续发展水平的基础数据进行实证分析。

3.1.5.2 技术路线

城市可持续发展能力评价技术路线如图 3.1 所示。

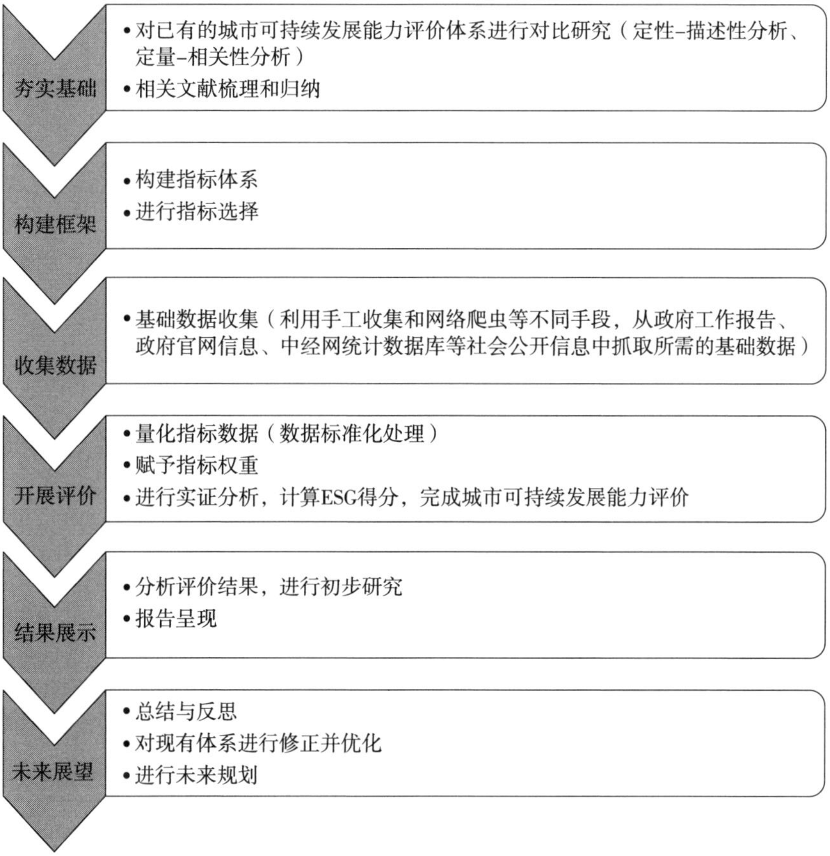

夯实基础
- 对已有的城市可持续发展能力评价体系进行对比研究（定性–描述性分析、定量–相关性分析）
- 相关文献梳理和归纳

构建框架
- 构建指标体系
- 进行指标选择

收集数据
- 基础数据收集（利用手工收集和网络爬虫等不同手段，从政府工作报告、政府官网信息、中经网统计数据库等社会公开信息中抓取所需的基础数据）

开展评价
- 量化指标数据（数据标准化处理）
- 赋予指标权重
- 进行实证分析，计算ESG得分，完成城市可持续发展能力评价

结果展示
- 分析评价结果，进行初步研究
- 报告呈现

未来展望
- 总结与反思
- 对现有体系进行修正并优化
- 进行未来规划

图 3.1 中国 ESG 研究院城市可持续发展能力评价技术路线

3.2 ESG 评价指标体系构成

3.2.1 评价指标体系的结构框架

为评价各城市可持续发展能力，中国 ESG 研究院基于 ESG 准则构建

的评价体系包括"环境（E）""社会（S）""治理（G）"3个一级指标。在这3个一级指标下又分为9个二级指标，其中环境（E）下包含"压力（P）""状态（S）""响应（R）"3个二级指标；社会（S）下包含"效率（E）""公平（J）""和谐（H）"3个二级指标；治理（G）下包含"法治（R）""服务（S）""财政（F）"3个二级指标。在二级指标下又设置了61个三级指标，最终构成一套完整的 ESG 评价体系，服务于科学合理的量化评价分析，如图3.2所示。

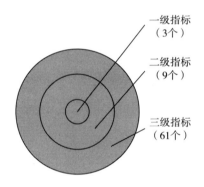

一级指标（3个）

二级指标（9个）

三级指标（61个）

图 3.2 中国 ESG 研究院城市可持续发展能力 ESG 评价体系结构

3.2.2 环境（E）评价指标体系

环境（Environmental）评价指标体系旨在评估各城市在发展过程中对自然环境造成的影响。随着经济的高速发展，资源储备下降、生态环境遭破坏以及社会矛盾加剧等问题，要求我国必须要走"低能耗、低成本、高环保"的城市化道路（程朋根等，2020）。近年来，环保责任的履行情况成为政府部门工作评价的重点。尽管我国政府的环评工作在近年来取得了一些进展，但由于地区发展不均衡等原因，各地级市政府对于环境信息的公开程度还是良莠不齐，以至于很难对政府的环保责任履行情况做出全面评价。然而，环境绩效是可持续发展能力评价的关键，对引导环境政策良性发展具有重要意义（彭靓宇、徐鹤，2013）。

中国 ESG 研究院构建的环境（E）评价指标体系的建立基于体现地方政府在环境保护方面可持续发展能力的思想，从环境保护问题的重点、痛点入手，结合各城市在环保实践中的表现，对环境绩效进行评价。

3.2.2.1　环境评价指标体系的构建

在环境指标体系的衡量方面采用了由国际经济合作与发展组织（OECD）和联合国环境规划署（UNEP）共同提出的 P-S-R 模型，即压力（Pressure）—状态（State）—响应（Response）模型。"压力"即随着人口数量的增长，人类的生产生活活动对生态环境造成的负面影响；"状态"指自然环境受到"压力"的影响而表现出的变化；"响应"指随着状态的改变，生态系统通过自我调节能力进行缓冲，并向社会经济系统进行反馈，人类通过调整环境政策、经济政策等用实际行动做出"响应"。

P-S-R 模型框架具有非常清晰的因果关系，将"环境状态发生的变化"进行前后延伸，从而追溯了变化产生的原因，进而使下一步行动有迹可循。人类的社会活动对生态环境施加了一定的压力，压力使生态环境状态发生了变化，人类社会感知到了变化并做出响应，以求恢复生态环境状况或防止资源枯竭，促进环境的可持续发展。P-S-R 模型如图 3.3 所示。

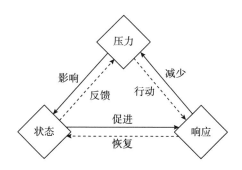

图 3.3　环境（E）指标体系二级指标层级关系

3.2.2.2 环境（E）评价指标体系基本框架

在"压力（P）""状态（S）""响应（R）"相应层级关系的指引下，研究院进一步确定了其下属的21个三级指标，具体描述如表3.1所示。

表3.1 环境（E）指标体系一览

一级指标	二级指标	三级指标
环境（E）指标	压力（P）	万元GDP能耗（吨标准煤）、万元GDP工业废水排放量（吨）、万元GDP工业废气排放量（吨）、万元GDP工业烟尘排放量（吨）、城市生活污水排放量（吨）
	状态（S）	人均水资源量（立方米）、人均公园绿地面积（平方米）、年平均气温（摄氏度）、年降水量（毫米）、二氧化硫浓度年均值（微克/立方米）、二氧化氮浓度年均值（微克/立方米）、PM2.5浓度年均值（微克/立方米）、自然保护区面积（万公顷）
	响应（R）	森林覆盖率（%）、城市建成区绿化覆盖率（%）、城市生活污水处理率（%）、城市生活垃圾无害化处理率（%）、工业废水排放达标率（%）、工业固体废弃物利用率（%）、万元GDP能耗降低或增长率（%）、污染治理投入占GDP比重（%）

在该环境评价体系中，"压力"二级指标从"排放""消耗"两个方面来反映社会因素对生态环境带来的负面影响，即人们对环境造成的压力。按照简明原则，消耗量选择了"单位GDP水耗""单位GDP能耗"两个指标。

"状态"二级指标反映了资源环境和社会环境发展的实际状况。"人均水资源量""人均公园绿地面积"等能够反映人均可利用资源，而空气环境主要通过二氧化碳、二氧化氮及可吸入颗粒物的浓度来综合反映（田艳芳、周虹宏，2021）。

"响应"二级指标反映政府采取的维护资源环境和社会环境的措施。"森林覆盖率""城市建成区绿化覆盖率"能够反映出各地级市的森林绿化情况，"生活污水处理率""生活垃圾无害化处理率"等能够反映出公众和政府参与环保建设的情况。

3.2.3　社会（S）评价指标体系

社会（Social）评价指标体系用以评估社会发展状况和人民生活水平，能够反映各城市在保障和改善民生、协调社会关系、化解社会矛盾、维护社会稳定和保障公共安全等方面的表现。因此，客观科学地评估城市的社会可持续发展水平对完善城市社会发展体系、提升地方政府效能、实现社会公平、社会稳定和社会和谐具有重要的现实意义。

3.2.3.1　社会评价指标体系构建

为全面、客观、科学地对城市在社会层面的表现进行整体性评价，需要建立一个完善的社会评价指标体系。关于社会发展水平的测量，"中国社会管理评价体系"课题组和俞可平（2012）提出的中国社会治理评价体系中主要包含人类发展、社会公平、公共服务、社会保障、公共安全和社会参与 6 个二级指标，以及 35 个三级指标。施雪华和方盛举（2010）从政策效能、体制效能和行为效能三个方面设计出省级政府效能评价指标体系，用以衡量省级政府公共治理目标的有效性和影响力。祁海军（2015）则从基本保障能力、宏观调控能力、财政能力和基层自治能力这四个层面出发，设计了河南地方政府社会效能评估体系。以上述研究为基础，中国 ESG 研究院结合新时代中国社会治理的新局面、新形式，最终确定从效率（Efficiency）、公平（Justice）、和谐（Harmony）三个方面考察和评估城市的社会可持续性。

由中国 ESG 研究院构建的评价社会可持续性的 E-J-H 模型中，效率（E）、公平（J）、和谐（H）三个指标之间是密切联系的。社会效率是社会公平的前提，能够为实现社会公平奠定物质基础。效率水平的提高意味着城市社会的不断发展和人民生活水平的不断提升。随着人民物质生活得到满足，人民的公平意识、民主意识和权利意识也会不断增强。而社会公平的本质是社会各方面利益关系的妥善协调与有序平衡，是实现社会和谐的必要前提。同时，安定的社会秩序和协调的社会关系能为社会效率提供条件，对公民生活和社会发展产生积极且深刻的影响，由此形成一个

"影响力闭环"，如图 3.4 所示。

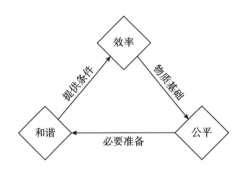

图 3.4 社会（S）指标体系二级指标层级关系

3.2.3.2 社会评价指标体系基本框架

在"效率（E）""公平（J）""和谐（H）"3 个二级指标的指引下，研究院设置了 23 个三级指标作为具体评价内容，具体描述如表 3.2 所示。

表 3.2 社会（S）指标体系一览

一级指标	二级指标	三级指标
社会（S）指标	效率（E）	人均 GDP、第三产业占 GDP 比重、人均可支配收入增长率、恩格尔系数、通货膨胀率、城镇新增就业人数占城镇总就业人数比重、高中阶段毛入学率
	公平（J）	基尼系数、城乡居民收入比、农林水支出占比、市政女领导干部比重、一般预算支出教育投入比率
	和谐（H）	受理总案件数、热点刑事案件、刑事案件数量是否披露、行政案件数量是否披露、民商案件数量是否披露、每亿元 GDP 生产事故死亡率、城镇登记失业率、基本养老保险覆盖率、基本医疗保险覆盖率、基本失业保险覆盖率、社会保障与就业支出占财政支出的比重

新公共管理理论强调"讲究效果的政府"，说明"效率"是衡量社会管理能力的重要标准之一。社会效率是指在一定经济成本的基础上所获得

的经济效益，因此，选取"人均 GDP""第三产业占 GDP 比重"进行评价能够反映该城市的经济发展和经济效益；"人均可支配收入增长率""恩格尔系数""通货膨胀率"这些指标均可反映该城市人民生活水平的提高效果和生活质量的改善程度；"城镇新增就业人数占城镇总就业人数比重""高中阶段毛入学率"能够分别检验地方政府每年在就业方面和公共教育方面所做的努力和成效。综合这几项指标，就能够充分反映出该城市的社会效率水平。

作为衡量社会进步的重要因素，社会公平不仅包括公民在财富上的合理分配，还包括机会的平等程度、规则的平等程度以及社会权力的平等程度等，其内容涵盖经济、政治、文化、教育等各个方面。基于此，选取"基尼系数""城乡居民收入比"这两项指标能够衡量不同阶层居民收入分配的差异化程度和城乡居民人均可支配收入差别，用"农林水支出占比"反映地区财政对农业的支持程度以及为实现乡村振兴所付出的努力，而"市政女领导干部比重"能够体现参与公共决策机会方面的性别平等程度，"一般预算支出教育投入比率"则反映该地方政府承担公共教育服务职责的状况。

社会和谐的本质是实现全体人民的全面发展，因此必须坚持以人为本，重视各个方面的需求和满足，使整个社会处于安定、有序、稳定的状态。"受理总案件数""热点刑事案件"等指标能反映公民人身和财产安全的程度，"每亿元 GDP 生产事故死亡率"能考察政府对安全生产的管理能力和水平，"城镇登记失业率""基本养老保险覆盖率""基本医疗保险覆盖率"等则反映地区政府对于社会保障和社会救助职能履行的程度。

3.2.4　治理（G）评价指标体系

治理（Governance）评价体系用以评估各城市通过运用行政手段进行资源配置，以满足社会需求、维护社会秩序的能力。各城市政府部门作为中央政府的分权机构，其治理活动直接影响着人民的日常生活和幸福水平，因此，其治理能力的优劣，直接关系到国家社会经济与政治文化稳定性。同时，对各城市治理能力进行评价，符合我国当前社会主义现代化建设的需要，符合我国社会主要矛盾发生变化之后亟待提升治理能力的需要。系统的考核和科学的评估，有助于形成针对各城市政府部门的绩效考核标准，进而提升地方政府的治理效能，为我国治理能力现代化建设提供决策参考和政策依据。

3.2.4.1 治理评价指标体系构建

我国各城市在治理过程中秉持全局意识、大局意识，统筹推进"五位一体"的总体布局。因此，治理评价指标体系的构建也应当基于多维度视角，综合全面地反映政府部门的治理能力。基于此，中国ESG研究院参考借鉴了胡膨沂和王承武（2021）所建立的评价体系，最终设计出以"法治（Legislation）""服务（Service）""财政（Finance）"为核心的"L-S-F模型"进行城市治理方面的评价，如图3.5所示。

图3.5 治理（G）指标体系二级指标层级关系

城市治理与公司治理在一定程度上具有相似之处，其结果是"向内的"，例如机制、结构、决策的制定等内容。因此，第一个二级指标体现的就是各城市的法制建设情况：城市治理的制度越完善，法治的部分就越多，人治的部分就越少，城市治理就会更加科学民主高效。

为人民服务是城市治理的最终目标，更是城市治理的核心所在，各城市通过提供公共服务的方式服务于人民。因此，应当设置"服务"二级指标来衡量各城市在治理过程中为服务人民所做的各项公共服务举措的有效程度，其服务覆盖面越广、人均拥有量越高，表明城市治理的效果越好。

"财政"指标用以反映城市治理的成本大小。财政储量对于城市政府部门而言既是资源也是约束。在目前地方债务高企的背景下，地方政府财力和发展的可持续性受到挑战。ESG 的主旨是可持续性，因此在治理评估体系中应该加入该指标，一方面能够衡量政府治理的效率，另一方面还能够评价其可持续性大小。

3.2.4.2　治理评价指标体系基本框架

在"法治（R）""服务（S）""财政（F）"3 个二级指标的指引下，研究院设置了最具代表性的 17 个三级指标作为具体评价内容，如表 3.3 所示，旨在科学评价城市政府部门治理效果和水平。

表 3.3　治理（G）指标体系一览

一级指标	二级指标	三级指标
治理（G）指标	法治（R）	政策决策公众意见征集数量、"12345"热线与网站建设情况、腐败案件数量、新增政府规章及行政规范性文件数量、办理人大代表建议和政协委员提案数量
	服务（S）	R&D 经费支出占地区生产总值比例、每万人专利数、一般预算支出医疗投入比率、每万人拥有卫生人员数、文化体育传媒支出/一般预算支出、每万人公共图书馆藏书量
	财政（F）	一般公共预算收支差额、财政赤字率、总债务率、地方人均负债额、保障倍数、可偿债财力

城市政府部门"法治"行为的内容非常复杂，但从管理过程的角度来看，可以分为三种类型：决策行为、执行行为和监控行为。对于决策行为而言，最重要的是决策的科学化和民主化，因此公民参与是政府治理中最重要的内容之一。基于此，选取"政策决策公众意见征集数量""12345 热线与网站建设情况""办理人大代表建议和政协委员提案数量"作为考察政府是否能够科学民主决策的三级指标；另外选取"新增政府规章及行政规范性文件数量""腐败案件数量"来分别评价城市治理过程中的执行行为和监控行为。

为人民提供公共管理"服务"是城市治理的核心所在，因此，本评价指标体系选取了"R&D 经费支出占地区生产总值比例""每万人专利数""一般预算支出医疗投入比率"等 6 个指标作为政府服务的考察内容，充分涵盖了"科、教、文、卫"四个方面，以衡量城市治理活动对民生生活的影响。

"财政"指标主要衡量各城市的财力大小水平，它是城市政府部门治理活动能够正常进行的客观条件。"一般公共预算收支差额""财政赤字率"能够反映地方财政的基本情况；而"总债务率""地方人均负债额"用来衡量城市负债压力水平；另选取"保障倍数""可偿债财力"来评估各城市面临的财政风险程度。

3.3　ESG 城市评价指标打分及权重设置

3.3.1　指标测度

各指标数据收集工作完成后，使用数据归一化方法，将指标原始数据转化成 [0, 1] 区间的数，消除单位和量纲对指标赋权的影响。定量指标数据归一化包含三类：正向指标、负向指标、区间指标。

正向指标标准化过程：数值越大，指标评分越高，如人均 GDP、森林覆盖率等。

$$x_{ij} = \frac{v_{ij} - \min\limits_{1 \leqslant i \leqslant n}(v_{ij})}{\max\limits_{1 \leqslant i \leqslant n}(v_{ij}) - \min\limits_{1 \leqslant i \leqslant n}(v_{ij})}$$

其中，x_{ij} 代表第 i 个评价主体第 j 个指标的标准化得分；v_{ij} 代表第 i 个评价主体第 j 个指标的原始数据；n 代表评价主体的数量。

负向指标标准化过程：数值越大，指标评分越低，如万元 GDP 能耗、腐败案件数量等。

$$x_{ij} = \frac{\max\limits_{1 \leqslant i \leqslant n} (v_{ij}) - v_{ij}}{\max\limits_{1 \leqslant i \leqslant n} (v_{ij}) - \min\limits_{1 \leqslant i \leqslant n} (v_{ij})}$$

区间型指标标准化过程：当数值在某一个特定区间内时，指标评分最高，如年平均气温、年平均降水量等。

$$x_{ij} = \begin{cases} 1 - \dfrac{q_1 - v_{ij}}{\max\left(q_1 - \min\limits_{1 \leqslant i \leqslant n} (v_{ij}), \max\limits_{1 \leqslant i \leqslant n} (v_{ij}) - q_2\right)} & v_{ij} < q_1 \\[4mm] 1 - \dfrac{v_{ij} - q_2}{\max\left(q_1 - \min\limits_{1 \leqslant i \leqslant n} (v_{ij}), \max\limits_{1 \leqslant i \leqslant n} (v_{ij}) - q_2\right)} & v_{ij} > q_2 \\[4mm] 1 & q_1 \leqslant v_{ij} \leqslant q_2 \end{cases}$$

当指标的原始数据 v_{ij} 在区间 $[q_1, q_2]$ 时，评价主体表现最佳，标准化得分为最高分 1；否则，指标原始数据偏离区间 $[q_1, q_2]$ 越远，评价主体的表现越差，标准化得分越低。

3.3.2 权重设计

在权重设计方面，主要采用了"专家打分""计量统计"方法。研究院邀请专家学者对已经标准化的三级指标赋予权重，之后通过计算加总来确定相应的二级指标得分。基于二级指标得分，结合专家学者对城市宏观环境的研究，进一步确定了二级指标在环境（E）、社会（S）和治理（G）这三大类一级指标下的权重，从而完成了权重分配。

第4章 城市可持续发展
能力评价结果分析

首先，本章展示了4个直辖市、5个计划单列市、10个主要省会城市的可持续发展得分情况。其次，分别以中国经济区域划分，以及南北区域划分为基础，对区域间可持续发展能力特点进行分析与对比。最后，依据本报告的指标划分，从环境（E）、社会（S）、治理（G）3个一级指标对不同区域的分项指标进行分析。

4.1 城市可持续发展能力指数表现

可持续发展能力是衡量高质量发展的重要指标。党的十九大以来，全国各地落实习近平生态文明思想，各城市的可持续发展能力有了显著改观，但同时呈现出不平衡的发展态势。一方面，一些城市响应国家政策，从提升环境、社会以及治理能力方面入手，提升了城市可持续发展能力；另一方面，还有些城市停滞不前，进一步加大了城市间的可持续发展能力差距。

4.1.1 直辖市、计划单列市可持续发展能力指数表现

首先我们分析2020年4个直辖市和5个计划单列市的可持续发展能

力指标评价结果，具体结果如表 4.1 和表 4.2 所示。

表 4.1　直辖市可持续发展能力评价结果

直辖市（4 个）	标准化值	直辖市（4 个）	标准化值
北京市	71.5032	重庆市	56.5519
上海市	60.4392	天津市	56.3029

表 4.2　计划单列市可持续发展能力评价结果

计划单列市（5 个）	标准化值	计划单列市（5 个）	标准化值
深圳市	63.1206	大连市	54.1201
宁波市	55.7254	青岛市	51.3139
厦门市	55.2631		

从直辖市的可持续发展得分来看，北京市（71.5032）的可持续发展能力高于上海市（60.4392）、重庆市（56.5519）与天津市（56.3029）。北京市是我国的首都，相关政策落实得更加迅速和到位，因此环境、社会及治理的评分都相对较高。另外，北京的就业机会相对较多且资源丰富，而天津市受"虹吸效应"的影响、重庆市受地理位置的影响，导致天津市和重庆市的可持续发展能力排名处于相对靠后的位置。对于上海来说，其金融发展优势比较明显，这在很大程度上提高了上海市的可持续发展能力，但是在环境方面，其相关政策制度的力度弱于北京市，因此排名暂居北京市之后，位居第二。接着，对深圳、宁波、厦门、大连以及青岛 5 个计划单列市的可持续发展能力进行分析并排名。

从计划单列市的可持续发展指标来看，深圳市（63.1206）的可持续发展指数明显高于宁波市（55.7254）、厦门市（55.2631）、大连市（54.1201）以及青岛市（51.3139）。另外，由于计划单列市在环境、社会与治理三方面均有一定的自主管辖权，所以可持续发展能力排名较好。

从计划单列市与相应省会城市的可持续发展能力来看，深圳市的可持续发展能力（63.1206）高于广州市（58.9208），其原因是深圳市作为改革开放的窗口城市，在经济、社会以及环境等多方面发展处于国内领先地位。宁波市可持续发展能力（55.7254）低于杭州市（60.1287）；厦门市的可持续发展能力（55.2631）高于福州市（51.4988）；大连市可持续发展能力（54.1201）基本与沈阳市（53.6158）持平；青岛市可持续发展能力（51.3139）高于济南市（45.8637）。

4.1.2　省会城市可持续发展能力指数表现

2020年的10个主要省会城市的可持续发展能力评价结果具体如表4.3所示。

表4.3　10个主要省会城市的可持续发展能力评价结果

省会城市（10个）	标准化值
杭州市	60.1287
广州市	58.9208
成都市	58.5629
南京市	56.0901
郑州市	55.9279
南昌市	55.0690
海口市	54.6732
长沙市	54.2702
沈阳市	53.6158
武汉市	53.0179

由表4.3可知，杭州、广州、成都、南京、郑州、南昌、海口、长沙、沈阳和武汉位列前十。总体来看，得分靠前的省会城市中，东部和中部地区占比较大，如在排名前十的省会城市中，东部城市有四个（杭州市、广州市、南京市、海口市），中部城市有四个（郑州市、南昌市、长沙市、武汉市），西部城市和东北城市各占一个，分别是成都市和沈阳市。

4.2　中国城市可持续发展能力特点

　　绿色、共享发展理念的提出，要求我国各城市必须重视可持续发展能力建设。虽然近年来我国城市可持续发展水平取得了显著进步，但不同区位间的发展水平仍呈现良莠不齐的状况，这导致城市间可持续发展能力差异巨大。总的来看，我国城市可持续发展能力现状存在如下特点。

4.2.1　各区域间可持续发展能力差距较大且分布不均衡

　　为衡量区域间可持续发展能力现状，本报告从两个维度对区域间可持续发展能力排名前100的地级市数量进行统计分析。首先，以我国经济区域划分为标准，对东北、西部、中部以及东部地区城市的可持续发展能力进行分析；其次，以秦岭—淮河南北分界线为基准，对南方城市与北方城市的可持续发展能力进行分析，注意由于陕西省与河南省大部分城市位于秦岭—淮河以北，而安徽省和江苏省大部分城市位于秦岭—淮河以南，所以本报告将陕西省与河南省列为北方省份、将安徽省和江苏省列为南方省份。

　　以经济区域划分为基础，首先对东北、西部、中部以及东部地区可持续发展能力排名前100的城市占比进行统计，结果如图4.1所示。

　　图4.1中的结果显示，东北、西部、中部以及东部地区之间可持续发展水平差异较大，各地区可持续发展指数排名前100的地级市数量所占比例存在明显差距。其中，东部地区排名前100的地级市数量最多，说明该地区城市可持续发展能力整体明显优于中部、西部以及东北地区，而中部地区又明显强于西部与东北地区。详细来看，2020年，可持续发展指数进入前100名的东部地区城市共有49个、中部地区城市共有31个，西部地区城市以及东北地区城市分别有18个和2个。这说明得益于地区经济快速发展以及得天独厚的地理环境优势，东部地区与中部地区的可持续发

展现状明显优于西部与东北地区。

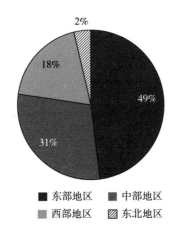

图 4.1　东北、西部、中部与东部地区可持续发展能力排名前 100 的城市占比

然后，对各地区可持续发展能力排名前 100 的城市数量占本地区城市数量的比例进行统计分析，结果如图 4.2 所示。

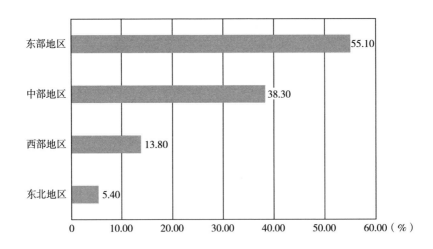

图 4.2　各地区可持续发展能力排名前 100 的城市数量占本地区城市数量的比例

图 4.2 表明，各地区可持续发展指数排名前 100 的地级市数量占本地区城市数量的比例存在明显差距。其中，东部地区排名前 100 的地级市数量占东部地区城市总数量的 55.10%，说明东部地区超过一半的城市在可持续发展方面表现强劲，也说明东部地区城市可持续发展能力相对均衡且大部分处于较高水平。另外，东部（55.10%）与中部地区（38.30%）的比例明显高于西部（13.80%）与东北地区（5.40%），说明西部与东北地区城市可持续发展停滞不前，其背后的原因在于这些地区城市经济发展水平较低且自然环境相对于东部与中部地区较为恶劣，导致东北与西部地区将发展中心放在经济增长方面，而非可持续发展。

以秦岭—淮河地理分界线为基准，本报告接下来统计分析南方城市与北方城市在可持续发展方面的差异。同经济区域划分下的分析过程一致，首先对南方与北方城市可持续发展能力排名前 100 的城市占比进行统计，得到如图 4.3 所示的结果。

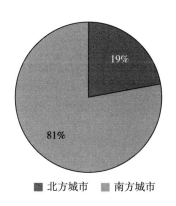

19%

81%

■ 北方城市　　■ 南方城市

图 4.3　南方与北方城市可持续发展能力排名前 100 的城市占比

在排名前 100 的城市中，南方和北方地区城市数量占比也存在较大差距。如图 4.3 所示，前 100 名中南方地区城市数量明显多于北方地区城市数量。2020 年，可持续发展指数排行榜进入前 100 名的南方城市数量为 81 个，而在前 100 强中，北方城市数量仅为 19 个。造成这种现象的原因可能是多方面的，如相较于北方四季分明、干燥的气候，南方地区常年温暖湿润的气候条件在客观上就有利于植被的生长和繁衍；此外，改革开放以来，南方地区社会经济发展水平总体领先于北方地区，并且其配套设施也较为完善，这为可持续发展理念的贯彻落实扫清了一些现实障碍。

然后，对各南方地区与北方地区可持续发展能力排名前100的城市数量占本地区城市数量的比例进行统计分析，结果如图4.4所示。

图4.4表明，南方地区与北方地区可持续发展指数排名前100的地级市数量占本地区城市数量的比例存在明显差距，其中南方地区城市的比例44.80%明显高于北方地区城市的12.20%，说明从南北方划分的角度来看，南方地区城市整体的可持续发展明显优于北方地区城市，并且得益于南方地区优越的气候环境以及较高的经济发展水平，这种差距在未来将会更加明显。

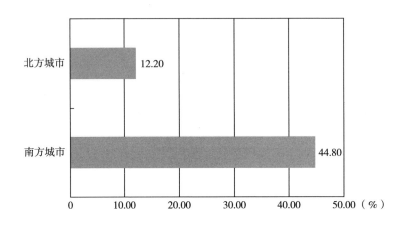

**图4.4　南北地区可持续发展能力排名前100的城市
数量占本地区城市数量的比例**

4.2.2　各区域内城市可持续发展水平仍存在显著差异

在对区域之间可持续发展能力进行横向对比分析后，本部分内容针对区域内部城市可持续发展能力进行纵向对比分析。

首先,以经济区域划分为基础,分别对东部、中部、西部以及东北地区内城市可持续发展能力进行统计分析,结果如表 4.4 所示。

表 4.4　区域内部城市可持续发展能力统计

地区	最高	最低	最高/最低	平均值	标准差
东部	71.5032	16.1942	4.4154	47.4970	6.8320
中部	55.9279	27.8619	2.0073	45.0839	6.0691
西部	58.5629	15.6383	3.7448	37.1969	9.4656
东北	54.1200	23.5413	2.2989	40.0321	9.0860

为更清晰地表现不同区域内城市发展水平的差异,将表 4.4 中的内容表示为图 4.5。

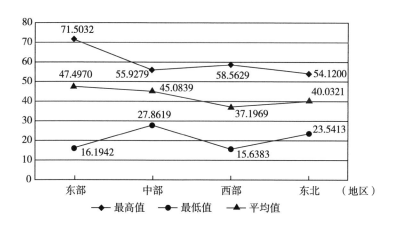

图 4.5　东北、西部、中部与东部地区内城市可持续发展能力比较

评价结果显示,四大经济区域内不同城市之间可持续发展指数存在着较大的差距。首先,东部地区得分最高为 71.5032,是最低得分(16.1942)的 4.4154 倍,平均值为 47.4970,表明尽管东部地区可持续

发展能力水平较高，但是区域内可持续发展能力最弱的城市仍非常落后，未能跟上东部的整体发展水平。其次，对于中部地区而言，尽管其内部城市最高得分为55.9279，表现并不突出，但是其最低得分也有27.8619，说明中部城市的可持续发展水平较为均衡。另外，图4.5显示东部最高可持续发展能力得分为71.5032，远高于中部城市的55.9279，但是两地区内城市平均得分相差不大，侧面表明中部城市群的可持续发展能力均衡性要优于东部城市。同时，由表4.4中各区域内城市可持续发展能力标准差可知，东部（6.8320）与中部（6.0691）小于西部（9.4656）与东北（9.0860），说明东部与中部地区内城市可持续发展能力较为均衡，而西部与东北地区内城市的可持续发展能力波动较大。最后，西部地区的平均值落后于其他三个地区，说明整体上西部地区城市可持续发展能力与其他地区差别比较明显。这主要是因为西部城市目前还处于发展阶段，对自然资源的依赖性较强，难以持续发展，目前西部城市还处于忽略城市生态环境、集中发展城市经济的阶段，第三产业相对落后。另外，西部城市由于劳动力外流，人才流失十分严重，并且交通不如东部地区便捷，这在很大程度上阻碍了西部城市的发展。

然后，对以秦岭—淮河为分界线的南、北地区内城市可持续发展能力进行统计分析，统计结果如表4.5所示。

表4.5　南方、北方内部城市可持续发展能力统计结果

地区	最高	最低	最高/最低	平均值	标准差
南方	63.1205	15.9618	3.9545	44.2257	8.3319
北方	71.5032	15.6383	4.5723	39.6139	8.9101

同样地，为更清楚地衡量区域内城市可持续发展能力差距，将表4.5中的内容表示为图4.6。

图4.6显示，从南方地区与北方地区划分角度看，各地区内城市可持

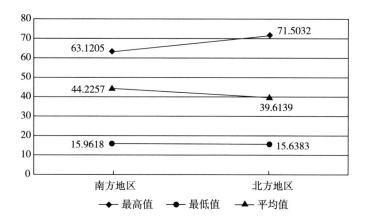

图 4.6　南方与北方地区内城市可持续发展能力比较

续发展能力均存在较大差距。另外，南方地区城市可持续发展指数最大值小于北方地区城市最大值，可持续发展指数最小值大于北方地区城市最小值，并且南方地区城市可持续发展指数平均值大于北方地区城市可持续发展平均值，这说明南方地区内城市之间的可持续发展能力差距比北方地区小，并且南方城市的可持续发展能力整体水平要好于北方。从表 4.5 中的标准差来看，南方地区（8.3319）小于北方地区（8.9101），同样说明南方地区内城市可持续发展能力均衡性要强于北方地区。

4.3　分项指标评价结果

本节从环境（E）、社会（S）、治理（G）3 个一级指标分析 126 个城市的评价结果，分别从直辖市、计划单列市、省会城市以及其他 90 个地级市四个方面来讨论城市的 3 个分项指标的评价结果。

4.3.1　环境（E）指标评价结果分析

环境（E）一级指标采用了由国际经济合作与发展组织（OECD）和

联合国环境规划署（UNEP）共同提出的 P-S-R 模型，在环境（E）下包含"压力（P）""状态（S）""响应（R）"3 个二级指标，以此反映各城市在高速发展的过程中对自然环境造成的影响。

4.3.1.1　城市比较

从直辖市环境（E）指标得分来看，2020 年北京环境（E）指标得分为 24.5709，天津市（24.8591）表现较好，再者是重庆市（24.8505）以及上海市（23.3485）。

从计划单列市得分来看，2020 年深圳市环境（E）指标得分为 22.8122，大连市（21.0574）、宁波市（20.3934）、青岛市（19.7451）和厦门市（19.6001）依次紧随其后。

从省会城市得分来看，2020 年广州市环境（E）指标得分为 24.3059，杭州市（23.1903）、长沙市（22.8122）、成都市（22.6887）、南宁市（22.5948）、南京市（22.3859）、南昌市（22.3042）、郑州市（21.5452）、武汉市（21.1021）以及银川市（20.1726）紧随其后。从得分来看，东北地区城市还需加强对环保的重视。从南、北区域来看，南、北地区省会城市在环境（E）指标上的得分差距较大。

4.3.1.2　区域比较

从经济区域划分来看，2020 年四大经济区域进入环境（E）指标得分前 100 名的依次是：中部地区（37 个）、东部地区（32 个）、西部地区（28 个）、东北地区（3 个），分别占各地区地级市比例为 45.7%、36.0%、21.5%、8.1%（见图 4.7）。中部地区在环境（E）指标得分上处于领先地位，东部地区紧随其后，西部地区表现不俗，但是西部各地级市在环境（E）指标上的得分差距较大，其中贺州市以 23.4646 的得分排名第一。由于东北地区是传统工业基地，能耗以及排放较为严重，各地级市还需要加强对环境保护的重视，城市不仅要高速发展，也要可持续发展。

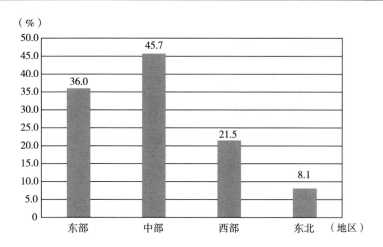

图 4.7 四大经济区域环境（E）指数排名前 100 的城市占本地区城市数量的比例

从秦岭—淮河南、北区域划分来看，2020 年环境（E）指标得分进入前 100 名的有 74 个南方城市和 26 个北方城市，分别占各地区地级市的 40.90% 和 16.70%，如图 4.8 所示。南、北区域在环境（E）指标上差距悬殊，一方面在自然气候与地形条件上，南方地区城市优于北方地区，尤其是东南沿海城市多为温带和亚热带季风气候，且以平原为主，而北方城市多沙尘等自然灾害，且地形多为山区。另一方面在工业发展上，北方城市以传统重工业发展为主，能耗以及排放导致的污染较为严重；而南方城市在改革开放以来多以轻工业与高新技术产业为主，排放物较少，对自然环境的污染处于可控范围内。

4.3.2 社会（S）指标评价结果分析

社会（S）评价体系通过对各地级市在社会效率、社会公平、社会和谐 3 个二级指标的评价衡量该城市社会发展与稳定的水平，从而影响城市的可持续发展能力。

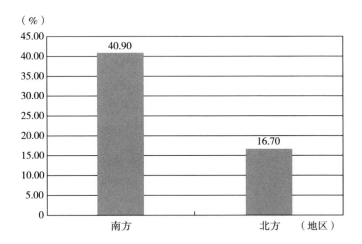

图 4.8 南方、北方环境（E）指数排名前 100 的城市

占本地区城市数量的比例

4.3.2.1 城市比较

从直辖市 S（社会）指数排名来看，2020 年上海市的社会（S）指标得分为 20.2330，北京市（19.8682）、天津市（18.1052）和重庆市（17.0886）紧随其后。

从计划单列市 S（社会）指数排名来看，2020 年厦门市的社会（S）指标得分为 19.2820，宁波市（18.8354）、大连市（18.2067）、青岛市（18.0650）、深圳市（17.4102）紧随其后。

从省会城市 S（社会）指数排名来看，2020 年合肥市社会（S）指标得分为 20.3927，南昌市（19.5111）、太原市（18.8752）、成都市（18.5712）、贵阳市（18.4581）、杭州市（18.2282）、郑州市（18.1623）、沈阳市（18.0868）、海口市（18.0285）、广州市（17.7605）紧随其后。从得分中可以看出，东部地区省会城市在提高社会效率、保障社会公平与维持社会和谐方面较为突出，而其他三个地区的省会城市相比于东部地区较为落后，需要从各个方面全面提升社会治理水平。从南、北区域来看，南、北地区省会城市在社会（S）指标上的得分差距较大。

4.3.2.2　区域比较

分区域来看，2020 年四大经济区域进入社会（S）指标得分前 100 名的依次是中部地区（25 个）、东部地区（41 个）、西部地区（25 个）、东北地区（9 个），分别占各地区地级市的比例为 30.9%、46.1%、19.2%、24.3%（见图 4.9）。得益于社会经济的快速发展，东部地区在提高城乡居民生活水平、保障就业、乡村振兴以及控制社会犯罪率等方面取得了重要成就，促进了社会效率、公平与和谐。西部与东北地区在社会（S）指标方面的表现依旧较为落后，尽管西部地区有 25 个城市进入 S 得分前100 名，但是只占西部城市数量的 19.2%，位于四大区域之后；而东北地区进入前 100 名的城市只有 9 个，远远落后于其他三个地区。所以，西部与东北地区还需继续强化社会层面的可持续性，包括提高城乡居民可支配收入、增加就业岗位以及加强乡村振兴投入等方面，以保障社会效率、公平与和谐的全面进步。

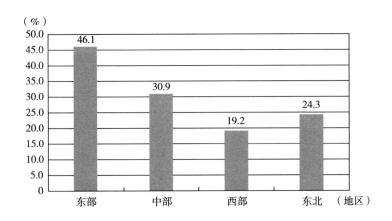

图 4.9　四大经济区域社会（S）指数排名前 100 的城市

占本地区城市数量的比例

从南北区域来看，2020 年社会（S）指标得分有 61 个南方城市进入了前 100 名，有 39 个北方城市进入了前 100 名，分别占各地区地级市的比例为33.70%、25.00%，如图4.10所示。与环境（E）指标差异悬殊不同，南北区域在社会（S）指标上的差距并不是太大，南方城市稍微领先一些，这说明南方、北方其他地级市城市在社会的发展与稳定水平上整体差别不大。

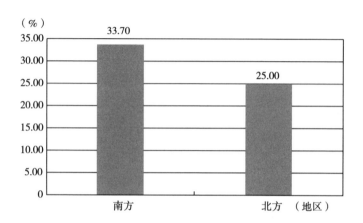

图4.10 南方、北方社会（S）指数排名前100的城市占本地区城市数量的比例

4.3.3 治理（G）指标评价结果分析

治理（G）评价体系衡量各地级市政府在法制、财政、服务方面的行政效率和效果，考察市政府为人民服务的质量效果。良好的城市治理水平是维护稳定可持续发展的必要条件。治理（G）作为一级评价指标，其下设"法治（L）""服务（S）""财政（F）"3个二级指标，共同构成"L-S-F模型"进行城市治理方面的评价。"法治"指标将公民参与度作为核心考评内容，衡量各城市法制建设的民主程度，这是维系城市可持续发展的根本条件；"服务"指标用以评价城市治理活动为民生生活带来的变化，是城市治理的根本目的所在；"财政"指标则用来考察各城市进行治理活动的成本效益情况。

4.3.3.1 城市比较

从直辖市G（治理）指数排名来看，北京市（27.0641）以较大的优势排名第一，而上海市（16.8577）、重庆市（14.6128）以及天津市（13.3386）的差距较小，紧随其后，这说明，北京市作为我国经济、政治、文化中心，直接受惠于国策的激励与监督作用，在城市治理方面表现优异。

从计划单列市 G（治理）指数排名来看，深圳市（22.8981）以高分领跑榜首，说明深圳市在政府治理方面表现优异，市政府行政效率相对较高，人民对于政府行政效果的满意度较高；宁波市（16.4965）与厦门市（16.3810）的分数相差不大，大连市（14.8560）紧随其后。

从各省会城市的 G（治理）指数得分来看，2020 年杭州市得分18.7101，南京市（17.7171）、海口市（17.5524）、成都市（17.3029）、合肥市（16.8552）、广州市（16.8545）、济南市（16.3592）、沈阳市（16.3536）、郑州市（16.2194）、福州市（16.0068）紧随其后。从得分中可以看出南方地区省会城市治理水平相对高于北方地区省会城市治理水平，并且东、中、西部地区省会城市治理水平相差悬殊，东部地区省会城市治理水平明显优于另外两个地区的省会城市。

4.3.3.2　区域比较

从四大经济区域分布来看，2020 年政府治理排名前 100 的地级市中，东部地区城市有 53 个，约占东部地区城市总数的 60.0%；中部地区有 27 个城市，约占中部地区城市总数的 33.3%；西部地区城市有 18 个，约占西部地区城市总数的 13.8%；东北地区城市有 2 个，约占东北地区城市的5.4%（见图 4.11）。从以上数据统计结果中可以看出，东部地区城市政府治理整体效果较好，以较大的优势领先于全国其他地区城市，表明东部城市政府在维持地方财政收支均衡、听取人民意见制定政策以及科教文卫服务等方面取得了较好的成果，在政府财政、法治以及服务各个方面均具有优势。相较而言，西部地区与东北地区政府治理表现不太突出，政府部门应当提高服务意识，在制定政策时广泛采纳人民群众的意见并提高财政管理水平。

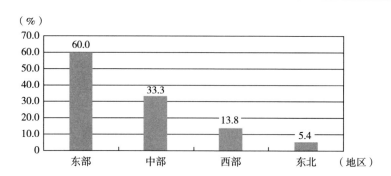

图 4.11 四大经济区域治理（G）指数排名前 100 的
城市占本地区城市数量的比例

分南北区域来看，2020 年有 74 个南方城市治理得分进入前 100 名，而北方城市数量仅为 26 个，分别占各地区地级市总数的 40.90% 和 16.70%（见图 4.12）。南方城市政府在治理（G）方面优势较为明显，政府治理得分进入前 100 名的南方城市要明显多于北方城市，这也说明我国南北地区城市治理水平失衡较严重。在 26 个进入前 100 名的北方城市中，直辖市、计划单列市以及省会城市占据了绝大多数，说明在北方城市中，其他地级市政府的治理水平严重落后，需要从财政、法治以及服务各个方面全面提升政府治理水平。

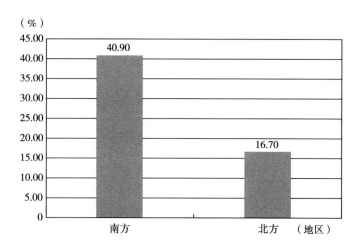

图 4.12 南方、北方治理（G）指数排名前 100 的城市
占本地区城市数量的比例

第5章 直辖市、计划单列市以及省会城市可持续发展能力评价结果分析

本章以 4 个直辖市、5 个单列市以及 27 个省会城市为例，结合城市具体的环境保护状况、经济发展状况以及地方政府治理状况等对这 36 个城市的可持续发展能力以及分项指标进行解析。为了便于比较分析，本章将各个城市的分项指标得分与相应类别城市的平均值进行比较，例如每个直辖市与 4 个直辖市平均值进行比较，每个计划单列市与 5 个计划单列市平均值进行比较。

5.1 直辖市可持续发展能力评价结果

5.1.1 北京市可持续发展能力评价结果

2020 年北京市在中国城市可持续发展能力排名中处于顶尖水平。从北京市的 3 项指标来看，G（治理）指数、E（环境）指数与 S（社会）指标均较好，这说明北京作为中国首都、"双奥"之城，其治理水平具有明显的优势（见图 5.1）。

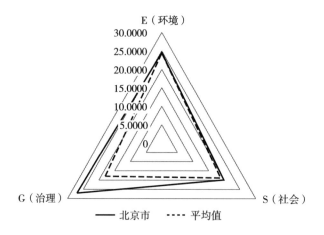

图 5.1　2020 年北京市可持续发展能力分项指标雷达图

从 2020 年分项指标来看，北京市的各个分指标均处在国内前列，其中 E（环境）指标较其他两个指标稍微落后。从 E（环境）的分指标来看，北京市的城市生活垃圾无害化处理率、工业固体废弃物利用率以及万元 GDP 能耗降低或增长率还有待提高。从 S（社会）的分指标来看，北京市的基尼系数以及城乡居民收入比偏高，表示其城乡居民的贫富差距较大；同时一般预算支出教育投入比率与其他直辖市相比，水平还有待提高。而北京市城镇登记失业率、基本养老保险、医疗保险覆盖率均为领先水平。从 G（治理）的分指标来看，北京市的"财政""法治""服务"指标均处于较高水平。2020 年北京市可持续发展能力分项指数如表 5.1 所示。

表 5.1　2020 年北京市可持续发展能力分项指数

北京市	标准化值
E（环境）指数	24.5709
S（社会）指数	19.8682
G（治理）指数	27.0641

5.1.2　上海市可持续发展能力评价结果

从上海市的 3 项指标来看，S（社会）指数、E（环境）指数与 G（治理）指标均排在全国前列。值得注意的是上海作为国际大都市，其 S（社会）指数得分在全国处于领先水平（见图 5.2）。

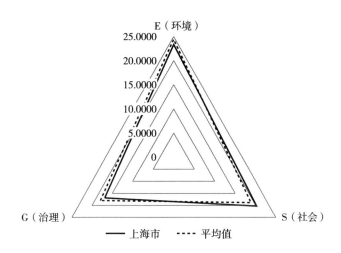

图 5.2　2020 年上海市可持续发展能力分项指标雷达图

从 2020 年分项指标来看，上海市的各个分指标均处在国内前列，其中 E（环境）指标和 G（治理）指标较 S（社会）指标还有待提高。从 E（环境）的分指标来看，上海市的人均水资源量、二氧化氮浓度年均值等指标的表现还有待提高。从 S（社会）的分指标来看，上海市在"效率""公平""稳定"3 个二级指标上表现不俗，处于国内领先水平。从 G（治理）的分指标来看，上海市的政策决策公众意见征集数量与其他城市相比还有待提高，或者应该提高其相应数据的披露水平。2020年上海市可持续发展能力分项指数如表 5.2 所示。

表 5.2　2020 年上海市可持续发展能力分项指数

上海市	标准化值
E（环境）指数	23.3485
S（社会）指数	20.2330
G（治理）指数	16.8577

5.1.3　重庆市可持续发展能力评价结果

从重庆市的 3 项指标来看，E（环境）指数得分较高，但 S（社会）以及 G（治理）指标指数得分还有进步空间（见图 5.3）。

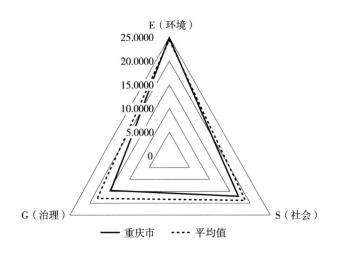

图 5.3　2020 年重庆市可持续发展能力分项指标雷达图

从 2020 年分项指标来看，重庆市的各个分指标排名差距较大，其中 E（环境）指标排名处于领先水平。从 E（环境）的分指标来看，重庆市在"压力"指标下的能源消耗与排放量方面表现优异，同时在"状态""响应"指标上得分远超其他城市。从 S（社会）的分指标来看，重庆市在"效率"指标上表现不俗，但是在"公平""和谐"指标上的表现还有待提高。从 G（治理）的分指标来看，重庆市在"财政""法治"指标上还有较大的进步空间。2020 年重庆市可持续发展能力分项指数如表 5.3 所示。

表 5.3　2020 年重庆市可持续发展能力分项指数

重庆市	标准化值
E（环境）指数	24.8505
S（社会）指数	17.0886
G（治理）指数	14.6128

5.1.4　天津市可持续发展能力评价结果

从天津市的 3 项指标来看，E（环境）指数得分在国内位于领先水平。但 S（社会）以及 G（治理）指标指数得分还有进步空间，两个指标得分在直辖市平均值之下，处于我国上游水平（见图 5.4）。

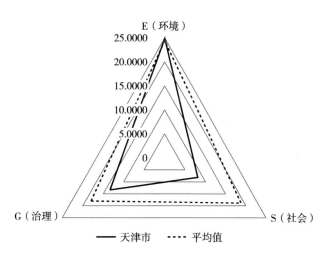

图 5.4　2020 年天津市可持续发展能力分项指标雷达图

从 2020 年分项指标来看，天津市的各个分指标得分分布不均，其中 E（环境）指标表现突出，但 S（社会）指标和 G（治理）指标还有待提高。从 E（环境）的分指标来看，天津市在"压力""状态""响应"指标上的得分远超其他城市，表现优异。从 S（社会）的分指标来看，天津市在"人均可支配收入增长率""农林水支出占比""一般预算支出教育投入比""基本养老、医疗""基本失业保险覆盖率"指标上还有进步空间。从 G（治理）的分指标来看，天津市的"保障倍数""政策决策公众意见征集数量"等还有待进一步加强。2020 年天津市可持续发展能力分项指数如表 5.4 所示。

表 5.4　2020 年天津市可持续发展能力分项指数

天津市	标准化值
E（环境）指数	24.8591
S（社会）指数	18.1052
G（治理）指数	13.3386

5.2　计划单列市可持续发展能力评价结果

5.2.1　深圳市可持续发展能力评价结果

从深圳市的 3 项指标来看，E（环境）和 G（治理）指数得分均高于计划单列市平均分，其中 E（环境）指标、G（治理）指标的得分较高，表现优异。S（社会）指数得分还有进步空间（见图 5.5）。

从 2020 年分项指标来看，深圳市的各个分指标得分分布不均，其中 E（环境）指标得分超过计划单列市平均值，但 S（社会）指标得分低于计划单列市平均值。从 E（环境）的分指标来看，深圳市在"自然保护区面积""森林覆盖率""城市生活垃圾无害化处理率""污染治理投入占 GDP 比重"方面还有待加强。从 S（社会）的分指标来看，深圳市在

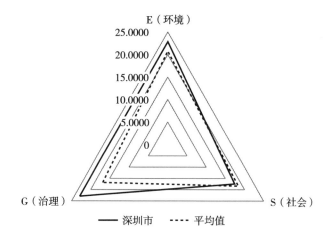

图 5.5　2020 年深圳市可持续发展能力分项指标雷达图

"人均可支配收入增长率""农林水支出占比""一般预算支出教育投入比""社会保障与就业支出占财政支出的比重"指标上还有进步空间，应提高相应的数据水平或者数据披露程度。从 G（治理）的分指标来看，深圳市的"财政""法治""服务"指标表现优异，处于较高水平。2020年深圳市可持续发展能力分项指数如表 5.5 所示。

表 5.5　2020 年深圳市可持续发展能力分项指数

深圳市	标准化值
E（环境）指数	22.8122
S（社会）指数	17.4103
G（治理）指数	22.8981

5.2.2　宁波市可持续发展能力评价结果

从宁波市的 3 项指标来看，G（治理）指数得分高于计划单列市平均分。E（环境）与 S（社会）指数得分与计划单列市平均分持平（见图 5.6）。

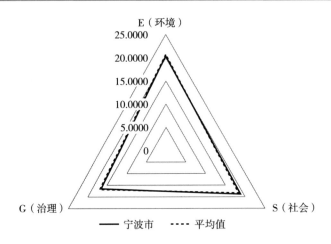

图5.6　2020年宁波市可持续发展能力分项指标雷达图

从2020年分项指标来看，宁波市的S（社会）指标和G（治理）指标全国排名较好，处于领先水平，但E（环境）指数得分还有较大进步空间。从E（环境）的分指标来看，宁波市在二级指标"压力"上表现良好，但在二级指标"状态""响应"的分指标，如"二氧化氮浓度年均值""城市生活垃圾无害化处理率""污染治理投入占GDP比重"方面还有待提高。从S（社会）的分指标来看，宁波市在"效率""公平""和谐"指标上整体表现较好。从G（治理）的分指标来看，宁波市在"法治""服务"二级指标上表现良好，在"财政"二级指标的分指标上，宁波市的"保障倍数""可偿财力"表现还有待提高。2020年宁波市可持续发展能力分项指数如表5.6所示。

表5.6　2020年宁波市可持续发展能力分项指数

宁波市	标准化值
E（环境）指数	20.3934
S（社会）指数	18.8354
G（治理）指数	16.4965

5.2.3　青岛市可持续发展能力评价结果

从青岛市的 3 项指标来看，只有 S（社会）指数得分高于计划单列市平均分，E（环境）与 G（治理）指数得分均低于计划单列市平均分（见图 5.7）。

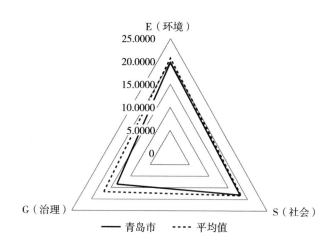

图 5.7　2020 年青岛市可持续发展能力分项指标雷达图

从 2020 年分项指标来看，青岛市 S（社会）指标较 E（环境）指标和 G（治理）指标表现良好，处于全国上游。从 E（环境）的分指标来看，青岛市在二级指标"压力"上表现良好，但在二级指标"状态""响应"的分指标，如"二氧化氮浓度年均值""城市生活垃圾无害化处理率""污染治理投入占 GDP 比重"方面还需要提高。从 S（社会）的分指标来看，青岛市在"人均可支配收入增长率""城乡居民收入比""基本失业保险覆盖率"指标上还有进步空间。从 G（治理）的分指标来看，青岛市在"财政""法治""服务" 3 个二级指标上整体表现趋于平稳，其中"12345 热线与网站建设情况"指标需要加强。2020 年青岛市可持续发展能力分项指数如表 5.7 所示。

表 5.7 2020 年青岛市可持续发展能力分项指数

青岛市	标准化值
E（环境）指数	19.7451
S（社会）指数	18.0650
G（治理）指数	13.5038

5.2.4 厦门市可持续发展能力评价结果

从厦门市的 3 项指标来看，S（社会）指数得分高于计划单列市平均分，E（环境）与 G（治理）指数得分均低于计划单列市平均分（见图 5.8）。

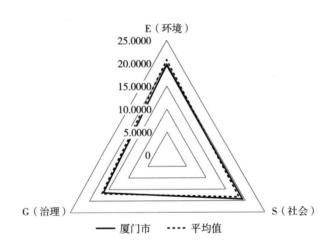

图 5.8 2020 年厦门市可持续发展能力分项指标雷达图

从 2020 年分项指标来看，厦门市的 S（社会）指标和 G（治理）指标全国表现较好，处于领先水平，但 E（环境）指数得分相比较而言进步空间较大。从 E（环境）的分指标来看，厦门市在“万元 GDP 工业废水排放量”“城市生活垃圾无害化处理率”“污染治理投入占 GDP 比重”指标上还有待提高。从 S（社会）的分指标来看，厦门市在二级指标“效率""公平""和谐"指标上整体表现优异，但三级指标中的"农林水支出占比""社会保障与就业支出占财政支出的比重"指标还有待加强。从 G（治理）的分指标来看，厦门市在"财政""服务"二级指标上表现良好，在"法治"二级指标的分指标上，厦门市的"政策决策公众意见征集数量"指标表现还有待提高。2020 年厦门市可持续发展能力分项指数如表 5.8 所示。

表 5.8　2020 年厦门市可持续发展能力分项指数

厦门市	标准化值
E（环境）指数	19.6001
S（社会）指数	19.2820
G（治理）指数	16.3810

5.2.5　大连市可持续发展能力评价结果

从大连市的 3 项指标来看，E（环境）指数得分高于计划单列市平均分，S（社会）和 G（治理）指数得分均低于计划单列市平均分（见图 5.9）。

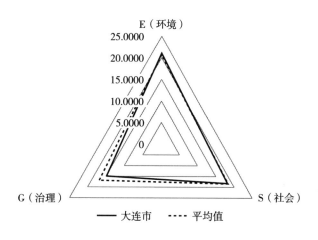

图 5.9　2020 年大连市可持续发展能力分项指标雷达图

从 2020 年分项指标来看，大连市的 S（社会）指标和 G（治理）指标处于上游水平，E（环境）指数得分排名与其他两项指标相比还有待提高。从 E（环境）的分指标来看，大连市"二氧化氮浓度年均值"和"污染治理投入占 GDP 比重"指标上还有待提高。从 S（社会）的分指标来看，大连市在"城镇新增就业人数占城镇总就业人数比重""一般预算支出教育投入比率"以及基本养老、医疗、失业保险覆盖率指标表现上还有待加强。从 G（治理）的分指标来看，大连市在"财政""法治""服务"二级指标上整体表现较为平稳。2020 年大连市可持续发展能力分项指数如表 5.9 所示。

表 5.9　2020 年大连市可持续发展能力分项指数

大连市	标准化值
E（环境）指数	21.0574
S（社会）指数	18.2067
G（治理）指数	14.8560

5.3　省会城市可持续发展能力评价结果

5.3.1　杭州市可持续发展能力评价结果

2020 年杭州市可持续发展能力在省会城市中处于相对较高的水平。从 2020 年杭州市 3 个分项指标来看，E（环境）指数和 G（治理）指数表现较好；S（社会）指数还有进步空间（见图 5.10）。

从 2020 年分项指标来看，杭州市的 E（环境）指数和 G（治理）指数表现相对较好，S（社会）指数虽然相比另外两个指标还有进步空间，

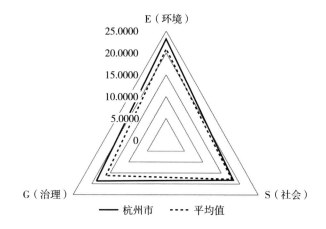

图 5.10　2020 年杭州市可持续发展能力分项指标雷达图

但 3 个指标数值仍都高于平均值，总的来说杭州市的可持续发展能力表现较好。在 3 项指标中，G（治理）指数的表现十分突出，这主要是因为杭州市在财政方面的各项得分都非常优异，法治、服务方面的各项得分也高于平均值。2020 年杭州市可持续发展能力分项指数如表 5.10 所示。

表 5.10　2020 年杭州市可持续发展能力分项指数

杭州市	标准化值
E（环境）指数	23.1903
S（社会）指数	18.2282
G（治理）指数	18.7102

5.3.2　广州市可持续发展能力评价结果

2020 年广州市可持续发展能力在省会城市中处于相对较高的水平。从 2020 年广州市 3 个分项指标排名来看，E（环境）指数和 G（治理）指数较好；S（社会）指数还有较大进步空间（见图 5.11）。

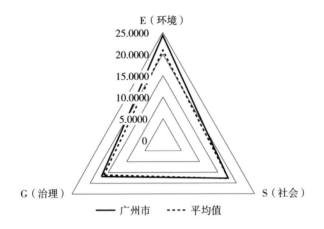

图 5.11　2020 年杭州市可持续发展能力分项指标雷达图

从广州市 2020 年的各分项指标的得分情况来看，各项指标得分均在省会城市平均水平之上，其中，广州市 E（环境）指数在省会城市中表现突出，这主要是因为广州市在工业及生活废水废气排放和处理等方面的得分非常高，表明该城市在废气废水排放方面足够重视。此外，该市的人均公园绿化面积得分也远远高于平均水平，这些表现使广州市在环境方面得分较高，另外也可以看出广州市直至 2020 年一直积极响应国家出台的对环境保护的相关政策。但广州市在 S（社会）指标上表现平平，通过观察广州市的 S（社会）指标内部的各数据可以发现，广州市在社会和谐方面的得分还有待提高，例如人均可支配收入增长率、城镇登记失业率等得分还有较大进步空间，因此广州市还需在社会和谐方面多加关注。2020年广州市可持续发展能力分项指数如表 5.11 所示。

表 5.11　2020 年广州市可持续发展能力分项指数

广州市	标准化值
E（环境）指数	24.3059
S（社会）指数	17.7605
G（治理）指数	16.8545

5.3.3 成都市可持续发展能力评价结果

2020 年成都市的可持续发展指数表现较好，其中，E（环境）、S（社会）、G（治理）3 项指数得分分别为 22.6887、18.5712、17.3029，均超过平均值。从成都市可持续发展分项指数来看，该市 3 项指标指数均在省会城市中表现突出。成都市在办理人大代表建议和政协委员提案数量等法治方面的得分以及一般预算支出医疗投入比率等服务方面的得分远高于各地级市的平均得分，带动了成都市 G（治理）指数的整体分数，具体数值如图 5.12、表 5.12 所示。

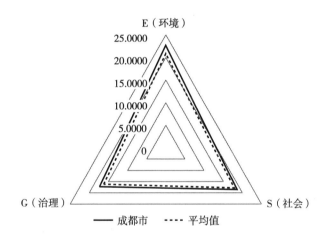

图 5.12　2020 年成都市可持续发展能力分项指标雷达图

表 5.12　2020 年成都市可持续发展能力分项指数

成都市	标准化值
E（环境）指数	22.6887
S（社会）指数	18.5712
G（治理）指数	17.3029

5.3.4 南京市可持续发展能力评价结果

2020 年南京市的可持续发展能力在省会城市范围内表现较好，各分项指标与平均值的比较如图 5.13 所示。

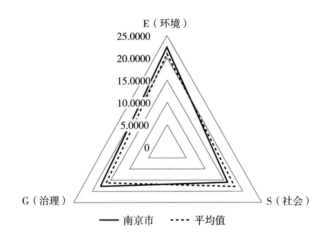

图 5.13　2020 年南京市可持续发展能力分项指标雷达图

南京市 2020 年可持续发展各分项指标中 E（环境）指数、S（社会）指数、G（治理）指数得分分别为 22.3839、15.9891、17.7171（见表 5.13），可见，E（环境）指数及 G（治理）指数均高于平均值，其中万元 GDP 工业废气排放量、万元 GDP 工业烟尘排放量、可偿债财力及每万人公共图书馆藏书量得分明显高于平均水平，极大地提高了 E（环境）指数和 G（治理）指数的水平；S（社会）指数得分还有进步空间，未来南京市在 S（社会）层面，尤其是刑事、行政及民事案件披露情况、社会保障与就业支出占财政支出的比重、高中阶段毛入学率和农林水支出占比方面仍需多加关注。

表 5.13　2020 年南京市可持续发展能力分项指数

南京市	标准化值
E（环境）指数	22.3839
S（社会）指数	15.9891
G（治理）指数	17.7171

5.3.5　郑州市可持续发展能力评价结果

郑州市在 2020 年的可持续发展能力表现良好，E（环境）、S（社会）、G（治理）3 项指标均略高于平均值，由图 5.14 可以看出，郑州市可持续发展分项指标的分值与平均分的分布大致相同。

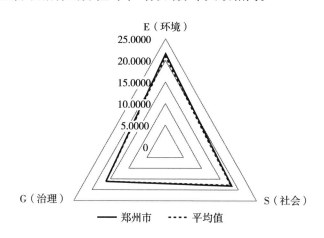

图 5.14　2020 年郑州市可持续发展能力分项指标雷达图

郑州市的 3 项分项指数在省会城市范围内表现较好，如表 5.14 所示。该市总体来说各分项指标表现都不错，没有突出的优势但也没有短板指数，例如人均公园绿地面积、森林覆盖率、基尼系数以及总负债率均在平均值上下徘徊，这表明郑州市在 2020 年中兼顾 E、S、G 各项指标的均衡发展，稳中求进。郑州在这 3 个指标中均有一些可以突破的指标，例如二氧化氮浓度年均值、城镇新增就业人数占城镇总就业人数比重以及基本失业保险覆盖率等。

表 5.14　2020 年郑州市可持续发展能力分项指数

郑州市	标准化值
E（环境）指数	21.5452
S（社会）指数	18.1633
G（治理）指数	16.2194

5.3.6　南昌市可持续发展能力评价结果

2020 年南昌市可持续发展能力在省会城市中表现较好。从 2020 年南昌市 3 个分项指数得分来看，E（环境）指数和 S（社会）指数均超过平均值，得分分别为 22.3042 和 19.5111；G（治理）指数未达到平均值水平且有较大的进步空间，该指数得分为 13.2537，如图 5.15 和表 5.15 所示。

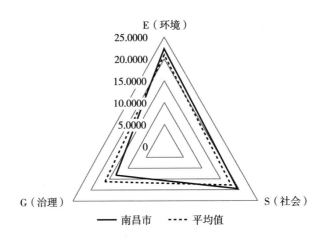

图 5.15　2020 年南昌市可持续发展能力分项指标雷达图

从 2020 年省会城市情况来看，南昌市 E（环境）指数和 S（社会）指数表现较好，G（治理）指数则还有一定进步空间。南昌市在 S（社会）指数层面表现得较为优异，该市在 GDP、就业等社会效率方面取得了卓越的成效，同时兼顾社会稳定层面的发展；通过查看南昌市 G（治理）指数中的各指标可以发现，该市的新增政府规章及行政规范性文件数量、R&D 经费支出占地区生产总值比例、一般预算支出医疗投入比率以及文化体育传媒支出/一般预算支出还有较大进步空间，说明南昌市在这几个方面不具备太多优势，未来在兼顾环境和社会的发展的同时，对财政、法治与服务方面仍需给予充分的重视。

表 5.15　2020 年南昌市可持续发展能力分项指数

南昌市	标准化值
E（环境）指数	22.3042
S（社会）指数	19.5111
G（治理）指数	13.2537

5.3.7　海口市可持续发展能力评价结果

海口市 S（社会）指数和 G（治理）指数得分均在平均值之上，S（社会）指数仅稍高于平均值；E（环境）指数还需继续努力（见图 5.16）。

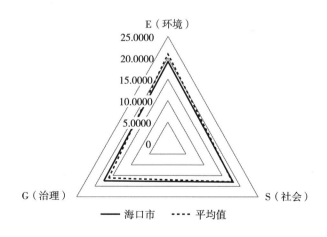

图 5.16　2020 年海口市可持续发展能力分项指标雷达图

从各项分项指标来看，S（社会）指数、G（治理）指数表现较好，E（环境）指数还有进步空间。通过观察 E（环境）指标内部数据可以发现，2020 年海口市在污染治理投入方面以及公园绿地面积方面还有待提高，E（环境）指数有待进步，因此海口市以沿海城市的地理位置优势在环境方面还有很大的进步空间。2020 年海口市可持续发展能力分项指数如表 5.16 所示。

表 5.16　2020 年海口市可持续发展能力分项指数

海口市	标准化值
E（环境）指数	19.0922
S（社会）指数	18.0286
G（治理）指数	17.5524

5.3.8　长沙市可持续发展能力评价结果

2020 年长沙市可持续发展能力在省会城市中处于较高的水平。但在各分项指标中，E（环境）指数具有较大优势，超出了平均值，S（社会）指数和 G（治理）指数均有待提高（见图 5.17）。

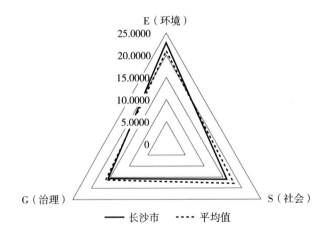

图 5.17　2020 年长沙市可持续发展能力分项指标雷达图

从长沙市 2020 年各分项指标来看，仅有 E（环境）指数较好，在环境治理方面具有较大优势，G（治理）指数表现也较为良好，但 S（社会）指数还有进步空间，如表 5.17 所示。长沙市在 S（社会）指数方面，特别是高中阶段毛入学率、农林水支出占比、市政府女领导干部比重以及基本失业保险覆盖率还有待提高，因此长沙市还需分别从社会效率、公平及和谐方面入手，力求各方面均衡发展。

表 5.17　2020 年长沙市可持续发展能力分项指数

长沙市	标准化值
E（环境）指数	22.7812
S（社会）指数	15.9672
G（治理）指数	15.5218

5.3.9　沈阳市可持续发展能力评价结果

2020 年沈阳市的可持续发展能力各项指标中，除 E（环境）指数外，S（社会）指数和 G（治理）指数均略微超出平均值，E（环境）指数略低于平均值（见图 5.18）。

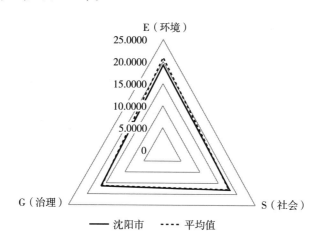

图 5.18　2020 年沈阳市可持续发展能力分项指标雷达图

从沈阳市 2020 年可持续发展分项指数（见表 5.18）来看，3 项指标在省会城市范围内均表现较好。G（治理）指数具有一定优势；S（社会）指数紧随其后，属于中等偏上的水平；E（环境）指数还有待进一步提升，年平均气温、二氧化硫浓度年均值、二氧化氮浓度年均值及森林覆盖率这几个指标还有进步空间，因此在环境状态和响应方面沈阳市仍需给予更多的关注，将环境指标水平提升至平均水平之上，进而提高沈阳市整体可持续发展能力水平。

表 5.18　2020 年沈阳市可持续发展能力分项指数

沈阳市	标准化值
E（环境）指数	19.1754
S（社会）指数	18.0868
G（治理）指数	16.3536

5.3.10　武汉市可持续发展能力评价结果

2020 年，武汉市可持续发展能力在省会城市中表现较好。总体来看，武汉市可持续发展能力稍低于全国平均值，3 个评价指标中，仅 E（环境）指数略高于全国平均指数，S（社会）指数和 G（治理）指数都略低于全国平均指数（见图 5.19）。

从分指标来看，武汉市的可持续发展能力较强。3 项一级指标在全国表现良好，其中 G（治理）指数表现尚可。二级指标中财政方面治理较好，公共文化服务方面还需继续努力。3 项一级指标中，S（社会）指数还需进一步提高，武汉市在"社会"下辖的二级指标中的公平方面各项得分还有较大进步空间，市政女领导干部比重方面有待完善，武汉市在男女性别对比公平方面需做出努力。在稳定方面武汉市大部分方面做得较好，此外还需进一步提高养老保险和医疗保险的覆盖率。2020 年武汉市的可持续发展能力分项指数如表 5.19 所示。

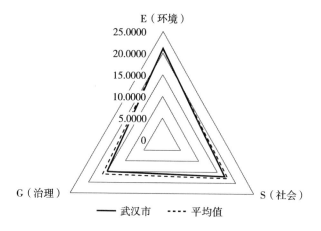

图 5.19 2020 年武汉市可持续发展能力分项指标雷达图

表 5.19 2020 年武汉市可持续发展能力分项指数

武汉市	标准化值
E（环境）指数	21.1021
S（社会）指数	16.9705
G（治理）指数	14.9453

5.3.11 南宁市可持续发展能力评价结果

2020 年南宁市可持续发展能力表现良好。南宁市的城市可持续发展各项指标得分与国内平均值十分接近，其中仅 E（环境）指数略高于国内平均值。其他两项指标都略低于国内平均值水平，南宁市的可持续发展能力与国内水平基本持平（见图 5.20）。

从分指标排名来看，南宁市的 E（环境）指数的全国表现较好，S（社会）指数、G（治理）指数还需进一步提高。二级指标方面，E（环境）指数全国表现较好，但仍有进步的空间。需改善城市生活污水排放量问题，重视人均水资源量和人均公园绿地面积等问题。相比之下，南宁市的 S（社会）指数下的二级指标中公平方面还有很大进步空间，应提高

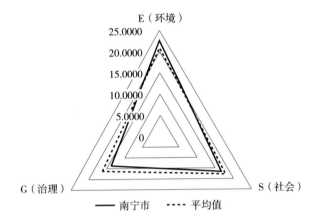

图 5.20　2020 年南宁市可持续发展能力分项指标雷达图

对弱势群体关注度、降低城乡居民的差距。南宁市的 G（治理）指数下的二级指标中服务方面，公共事业投入也需进一步增加，文化体育传媒投入需要得到重视。南宁市的城市可持续发展能力分项指数如表 5.20 所示。

表 5.20　2020 年南宁市可持续发展能力分项指数

南宁市	标准化值
E（环境）指数	22.5948
S（社会）指数	16.6689
G（治理）指数	13.7253

5.3.12　合肥市可持续发展能力评价结果

2020 年合肥市可持续发展能力在省会城市中表现良好。合肥市的可持续发展能力 3 项指标中，G（治理）指数得分与国内平均值十分接近，S（社会）指数高于国内平均水平，E（环境）指数低于国内平均值 6.0977 分（见图 5.21）。

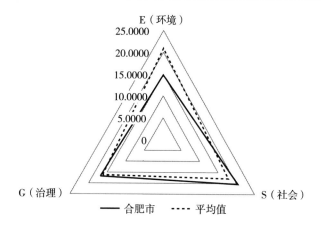

图 5.21　2020 年合肥市可持续发展能力分项指标雷达图

从分项指标来看，合肥市的 S（社会）指数和 G（治理）指数表现优秀，相比之下，E（环境）指数还有待提升。在 E（环境）指数方面，合肥市的工业废气及废水排放量、城市生活污水排放量等问题需引起重视；人均水资源量、人均公园绿地面积占有量问题也需要进一步完善。合肥市的 E（环境）指数方面，其二级指标中的压力和状态方面都需要进一步完善，存在废水、废气等污染物的排放和人均水资源短缺问题。但合肥市的 S（社会）指数在全国和省会城市中表现突出，其在二级指标效率、公平和稳定方面均衡发展，稳定与效率并行，兼顾社会弱势群体的公平发展。2020 年合肥市可持续发展能力分项指数如表 5.21 所示。

表 5.21　2020 年合肥市可持续发展能力分项指数

合肥市	标准化值
E（环境）指数	14.7877
S（社会）指数	20.3927
G（治理）指数	16.8552

5.3.13 石家庄市可持续发展能力评价结果

2020年石家庄市可持续发展能力在省会城市中表现良好。石家庄市的可持续发展能力3项指标中，E（环境）低于国内平均值，S（社会）指数、G（治理）指数与国内平均值相接近，S略高于国内平均值，G略低于国内平均值，石家庄市的城市环境治理能力有待提高（见图5.22）。

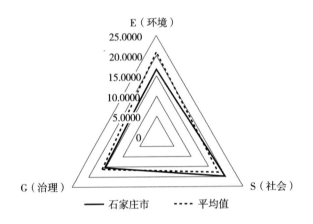

图5.22 2020年石家庄市可持续发展能力分项指标雷达图

从分指标的排名来看，石家庄市的S（社会）指数和G（治理）指数全国表现较优秀。E（环境）指数表现在省会城市中有待提升。在E（环境）指数的二级指标中，石家庄市的环境状态和环境响应还需进一步提升，石家庄市年降水量与人均水资源较少，环境条件还需要进一步改善。与此同时，石家庄市对生活污水和工业废料处理需进一步完善。但S（社会）指数方面，石家庄市的社会效率与社会公平也达到了省会城市的平均水平。2020年石家庄市城市可持续发展能力分项指数如表5.22所示。

表 5.22　2020 年石家庄市可持续发展能力分项指数

石家庄市	标准化值
E（环境）指数	16.5913
S（社会）指数	19.8529
G（治理）指数	15.3704

5.3.14　福州市可持续发展能力评价结果

2020 年福州市可持续发展能力在省会城市中表现良好。福州市的可持续发展能力 3 项指标中，G（治理）指数得分与全国平均值十分接近，E（环境）、S（社会）指数得分均低于国内平均值（见图 5.23）。

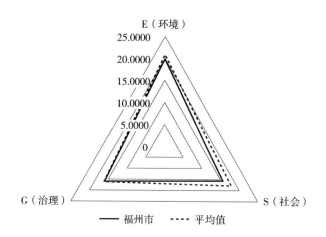

图 5.23　2020 年福州市可持续发展能力分项指标雷达图

从分项指标来看，福州市的 E（环境）指数和 S（社会）指数还有待提高；G（治理）指数在省会城市中存在较大进步空间。福州市的 E（环境）指数下辖的二级指标中的响应方面，城市绿化率和城市污水处理还需进一步完善。在 S（社会）方面，福州市的高中入学率和社会案件披露率还需提高，要进一步完善社会治理，做到均衡发展。福州市城市可持续发展能力分项指数如表 5.23 所示。

表 5.23　2020 年福州市可持续发展能力分项指数

福州市	标准化值
E（环境）指数	19.8521
S（社会）指数	15.6399
G（治理）指数	16.0068

5.3.15　贵阳市可持续发展能力评价结果

2020 年贵阳市可持续发展能力在省会城市中表现良好。贵阳市的 3 项指标中，仅 S（社会）指数略高于国内平均值，E（环境）指数、G（治理）指数均低于国内平均值。贵阳市可持续发展能力分项指标雷达图如图 5.24 所示。

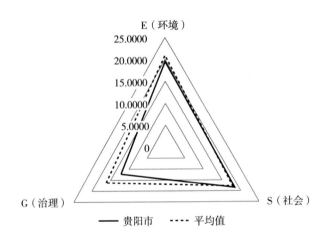

图 5.24　2020 年贵阳市可持续发展能力分项指标雷达图

从分项指标来看，贵阳市的 S（社会）指数在省会城市中表现较好，而 E（环境）指数和 G（治理）指数还有进步空间。贵阳市的 S（社会）的稳定和公平方面做得较好，城市各项事宜披露率高，居民知情权高，对弱势群体给予公平对待。贵阳市的城市绿化率与城市污水处理率还有待提高，需对环境治理做出积极响应，完善各方面的治理，缓解治理不均衡现象。2020年贵阳市城市可持续发展能力分项指数如表5.24所示。

表5.24 2020年贵阳市可持续发展能力分项指数

贵阳市	标准化值
E（环境）指数	19.4662
S（社会）指数	18.4581
G（治理）指数	12.1955

5.3.16 兰州市可持续发展能力评价结果

2020年兰州市可持续发展能力在省会城市中表现良好。兰州市的可持续发展能力的3项指标得分均低于国内平均值，其中E（环境）比国内平均值低3.2782分。兰州市可持续发展能力分项指标如图5.25所示。

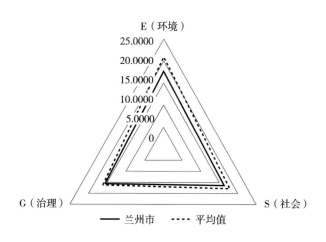

图5.25 2020年兰州市可持续发展能力分项指标雷达图

从分项指标来看，兰州市G（治理）指数在省会城市中表现良好，而E（环境）指数和S（社会）指数在省会城市中还有待进步。兰州市自然环境状态需要改善，年降水量和人均公园绿地面积较低，人均水资源不足。城市生活污水和工业废水排放治理水平还需提高。在 G（治理）方面，兰州市的文化体育传媒等投入需增加，治理水平也需要进一步提高。2020 年兰州市城市可持续发展能力分项指数如表 5.25 所示。

表 5.25　2020 年兰州市可持续发展能力分项指数

兰州市	标准化值
E（环境）指数	17.6072
S（社会）指数	16.3602
G（治理）指数	15.5827

5.3.17　西安市可持续发展能力评价结果

2020 年西安市可持续发展能力在省会城市中表现良好。西安市的可持续发展能力分项指标均小于国内平均值，其中 G（治理）指数与国内平均值相差较大，为 2.6593。西安市可持续发展能力分项指标如图 5.26 所示。

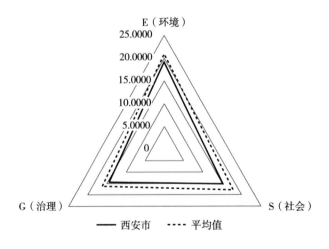

图 5.26　2020 年西安市可持续发展能力分项指标雷达图

从分项指标来看，西安市的 G（治理）指数在省会城市表现较好。从 E（环境）指数和 S（社会）指数可知其可持续发展能力均有待提升。在 E（环境）方面，西安市的人均水资源量较低，应提高城市生活污水处理率并提高水资源的重复利用率。在 S（社会）方面的二级指标中，社会效率方面应提高一般教育支出占比、新增就业岗位等。与此同时，城市社会公平也有待加强，比如提高乡镇居民收入水平、进一步提升乡村振兴投入等。2020 年西安市城市可持续发展能力分项指数如表 5.26 所示。

表 5.26　2020 年西安市可持续发展能力分项指数

西安市	标准化值
E（环境）指数	19.1157
S（社会）指数	15.1858
G（治理）指数	14.4114

5.3.18　银川市可持续发展能力评价结果

2020 年银川市可持续发展能力在省会城市中表现良好。银川市的可持续发展能力的 3 项指标得分均低于国内平均值，其中 E（环境）与国内平均值相差不大，仅比国内平均值低 0.7128 分。S（社会）指数与国内平均值相差最大，比国内平均值低 4.4679 分（见图 5.27）。

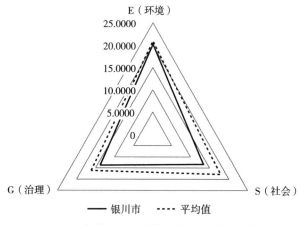

图 5.27　2020 年银川市可持续发展能力分项指标雷达图

从分项指标来看，银川市的 E（环境）指数和 G（治理）指数两项指标在省会城市中有待进步。S（社会）指数也有很大进步空间。银川市的 E（环境）方面的二级指标中，压力方面表现较好，状态方面年降水量和人均水资源量较低，应提高水资源的利用率；同时在响应方面，对城市生活污水的治理有待完善。在 S（社会）方面，社会稳定二级指标中，社会案件信息披露率需要进一步提高，居民的信息获取途径有待完善，相关部门应予以重视。2020 年银川市城市可持续发展能力分项指数如表5.27 所示。

表 5.27　2020 年银川市可持续发展能力分项指数

银川市	标准化值
E（环境）指数	20. 1726
S（社会）指数	13. 3772
G（治理）指数	13. 7900

5.3.19　西宁市可持续发展能力评价结果

2020 年西宁市可持续发展能力在全部省会城市中表现一般。从西宁市 3 个一级指标得分来看，每个指标得分均低于平均值，虽然与平均值差距不大，但总体来看西宁市在可持续发展方面表现平平，没有比较突出的优势（见图 5.28）。

从 2020 年各项指标来看，西宁市 E（环境）指标、S（社会）指标、G（治理）指标表现一般。在环境指标下辖的 3 个二级指标中，西宁市在响应方面表现较好，其中工业废水排放达标率与工业固体废弃物利用率 2 项三级指标的得分较高，说明西宁市面对城市环境污染等问题能够主动积极地采取应对措施并产生了较好的效果；但西宁市在状态方面有待提高，得分较低的原因是由于西宁市年平均气温与年降水量数据缺失，且PM2.5 浓度年平均值较高所导致。在社会指标下辖的 3 个二级指标中，

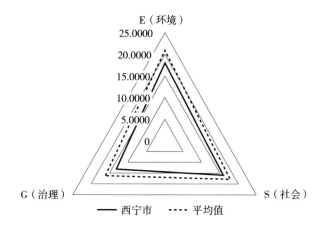

图 5.28　2020 年西宁市可持续发展能力分项指标雷达图

可以看到西宁市在效率方面表现优异，其中在第三产业占 GDP 比重与高中阶段入学毛利率两个三级指标方面得分较高，这说明西宁市人民生活水平改善颇有成效、人民生活质量有所提高；而在公平与和谐方面，西宁市表现平平，处于全国平均水平。在治理下辖的 3 个二级指标中，西宁市在法治方面有较大的进步空间，这是因为西宁市在新增政府规章及行政规范性文件数量与办理人大代表建议和政协委员提案数量方面得分还有待提高，而在财政和服务方面均处于全国平均水平。2020 年西宁市可持续发展能力分项指数如表 5.28 所示。

表 5.28　2020 年西宁市可持续发展能力分项指数

西宁市	标准化值
E（环境）指数	17.9933
S（社会）指数	15.9418
G（治理）指数	13.1493

5.3.20　长春市可持续发展能力评价结果

　　总的来看，2020 年长春市可持续发展指数 3 个一级指标均没有超过平均值（见图 5.29）。

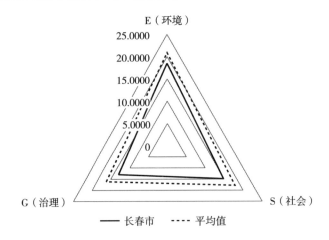

图 5.29　2020 年长春市可持续发展能力分项指标雷达图

2020 年，长春市的 E（环境）指标、S（社会）指标及 G（治理）指标在全国表现一般。在环境指标下辖的 3 个二级指标中，压力和响应表现一般，观察其三级指标表现可以发现原因：长春市的人均绿地面积仍需进一步提高，且二氧化硫年平均值较高。长春市的 S（社会）指数有一定的进步空间，在社会（S）下辖的 3 个二级指标中，长春市的和谐指标还需进步，原因是长春市未披露刑事案件、行政案件与民商案件的数量，且未披露基本医疗保险覆盖率，这说明长春市政府部门在社会安宁、人民保障方面资源投入力度还需持续加大。在治理下辖的 3 个二级指标中，可以看到长春市在财政及服务方面表现出色，但法治建设水平还需提高，这是因为长春市在"12345"热线与网站建设方面还需要持续完善。2020 年长春市可持续发展能力分项指数如表 5.29 所示。

表 5.29　2020 年长春市可持续发展能力分项指数

长春市	标准化值
E（环境）指数	18.5211
S（社会）指数	14.8465
G（治理）指数	12.9896

5.3.21   济南市可持续发展能力评价结果

2020 年，济南市可持续发展能力指数从 3 项指标排名结果来看，社会指标和治理指标排名较为靠前，但环境指标还需进一步提高（见图 5.30）。

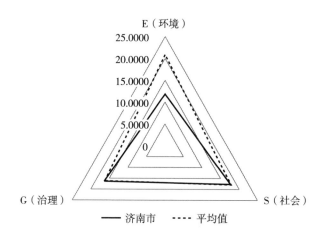

图 5.30   2020 年济南市可持续发展能力分项指标雷达图

从 2020 年各分项指标来看，济南市在社会和治理方面表现较好，但环境指标得分有待提高。通过分析环境指标下辖的二级指标可以发现，其环境指标得分较低的主要原因是在压力和响应方面还存在进步空间。在压力下辖的 5 个三级指标中，济南市仅披露了万元 GDP 能耗这一个数据，而在响应下辖的三级指标表现方面，济南市的森林覆盖率、工业废水排放达标率数据缺失，且污染治理投入占 GDP 比重需要提高，这说明济南市重工业企业排放对环境的破坏程度还需要进一步控制，且政府响应需提高有效性和及时性，维护资源环境和社会环境的措施需要继续落实。但济南市在治理方面的表现可圈可点，说明济南市政府行政资源利用得当，能够真正做到为老百姓服务。2020 年济南市可持续发展能力分项指数如表5.30 所示。

表 5.30　2020 年济南市可持续发展能力分项指数

济南市	标准化值
E（环境）指数	11.8478
S（社会）指数	17.6568
G（治理）指数	16.3591

5.3.22　昆明市可持续发展能力评价结果

总的来看，2020 年昆明市除环境指标与平均值接近外，社会与治理指标均没有超过平均值，因而存在较大进步空间（见图 5.31）。

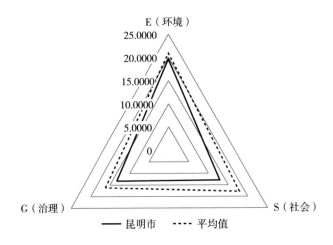

图 5.31　2020 年昆明市可持续发展能力分项指标雷达图

从分项指标来看，昆明市的 E（环境）指标表现较好，但 G（治理）指标分数和 S（社会）指标还应继续提高。通过分析社会下辖的三级指标可以发现，昆明市社会指标得分较低的主要原因是在公平与和谐方面表现较差，具体来说，昆明市 2020 年的恩格尔系数缺失、农林水支出占比较低、三大案件披露数量缺失以及三大基本保险覆盖率较低，这些因素导致昆明市的社会指标表现较差，这说明昆明市政府在 2020 年可能没有在促进社会公平等方面给予充分的关注，没能有效保证民生生活的和谐与稳定（见表 5.31）。

表 5.31　2020 年昆明市可持续发展能力分项指数

昆明市	标准化值
E（环境）指数	19.5937
S（社会）指数	12.8671
G（治理）指数	13.2731

5.3.23　太原市可持续发展能力评价结果

2020 年，太原市可持续发展指数还存在较大进步空间。从 3 个一级指标得分来看，太原市只有 S（社会）指数超过平均值，并且 E（环境）指数与平均值差距接近 10 分，这需要引起太原市政府的高度重视（见图 5.32）。

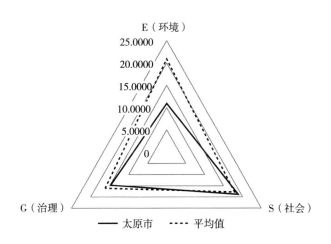

图 5.32　2020 年太原市可持续发展能力分项指标雷达图

从分项指标来看，太原市 S（社会）指数与 G（治理）指数表现相对较好，这说明太原市政府行政效率较高、人民生活水平改善较快。但太原市 E（环境）指数需要继续提高。通过分析二级指标得分可以发现，太原市在压力指数方面需要持续努力，其中在压力下辖的 5 个三级指标中，只有万元GDP能耗有相关披露数据,这说明太原市工业企业可能对生态环境的破坏需要引起重视。但在S(社会)指数下辖的效率指标方面,太原市的得分在全国名列前茅,这主要是因为太原市人均GDP与第三产业占GDP的比重较高。在G(治理)指数方面,太原市在服务方面表现出色,具体表现为每万人拥有卫生员数量与每万人公共图书馆藏书量均较高。2020年太原市可持续发展能力分项指数如表5.32所示。

表5.32　2020年太原市可持续发展能力分项指数

太原市	标准化值
E(环境)指数	10.9361
S(社会)指数	18.8752
G(治理)指数	14.7454

5.3.24　哈尔滨市可持续发展能力评价结果

从3个一级指标得分来看,哈尔滨市均未超过平均值,E(环境)指数、S(社会)指数与G(治理)指数在全国范围内表现一般(见图5.33)。

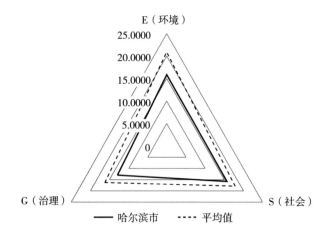

图5.33　2020年哈尔滨市可持续发展能力分项指标雷达图

通过分析哈尔滨市二级指标的得分情况（见表 5.33）可以发现，哈尔滨市的状态指数得分还有进步空间，这主要是因为哈尔滨市人均公园绿地面积与年平均气温较低。在 S（社会）指数方面，哈尔滨市的效率指标得分在全国名列前茅，这主要是因为哈尔滨市第三产业占 GDP 比重较高、通货膨胀率较低且高中阶段毛入学率较高。但哈尔滨市和谐指数还需继续努力，具体表现为受理总案件数量需要继续增加、三大案件情况披露需要得到完善及三大基本保险覆盖率需要继续提高。除此之外，哈尔滨市的财政情况亟待改善，这主要由较高的财政赤字率与较低的保障倍数所致，因此相关政府部门应当合理分配财政资源，提高财政款项使用效率。

表 5.33 2020 年哈尔滨市可持续发展能力分项指数

哈尔滨市	标准化值
E（环境）指数	15.8505
S（社会）指数	15.6770
G（治理）指数	12.8753

5.3.25 乌鲁木齐市可持续发展能力评价结果

从分项指标得分情况来看，乌鲁木齐市均未超过平均值，且 E（环境）指数和 S（社会）指数仍有进步空间。但乌鲁木齐市 G（治理）指数得分相对较好（见图 5.34）。

乌鲁木齐市二级指标得分情况显示其状态指数仍需努力，具体表现为较低的人均公园绿地面积、较高的二氧化硫浓度年均值。乌鲁木齐市天然的地理位置环境及气候条件决定了其干旱缺水、多沙尘的生态环境。但是，乌鲁木齐能够积极地做出响应，具体表现为较高的森林覆盖率与城市建成区绿化覆盖率、较低的万元 GDP 能耗增长率。同时，乌鲁木齐市在治理指标下辖的服务指标方面表现出色，主要表现为较高的每万人拥有卫生员数量，这说明乌鲁木齐市政府能够给予民生生活充分的关注，并且其公共服务举措取得了一定的效果。2020 年乌鲁木齐市可持续发展能力分项指数如表 5.34 所示。

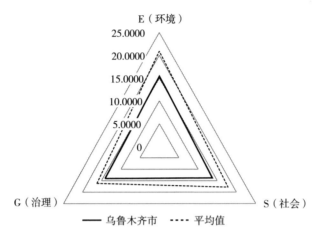

图 5.34　2020 年乌鲁木齐市可持续发展能力分项指标雷达图

表 5.34　2020 年乌鲁木齐市可持续发展能力分项指数

乌鲁木齐市	标准化值
E（环境）指数	15.4476
S（社会）指数	13.7261
G（治理）指数	14.0520

5.3.26　拉萨市可持续发展能力评价结果

从分项指标得分情况来看，拉萨市均未超过平均值，其 G（治理）指数得分表现相对较好（见图 5.35）。

通过分析拉萨市二级指标得分情况可以发现（见表 5.35），拉萨市 E（环境）指数得分有待提高，分析其三级指标得分可以发现，拉萨市的万元 GDP 工业废水排放量、万元 GDP 工业废气排放量以及万元 GDP 工业烟尘排放量均较高。同时，拉萨市的 S（社会）指数得分也需继续提高，主要是在社会指标下辖的社会效率与社会和谐方面仍需努力，这说明拉萨市政府的社会管理并未取得良好的经济效益和社会效益，人民生活条件改善的效果需要继续提升，且公民的人身和财产安全得到有效保护还需持续努力。但是，拉萨市 G（治理）指数得分较高，其中财政指标表现较好，这说明拉萨市的财政资源利用得当，市政府所面临的财政风险较小。

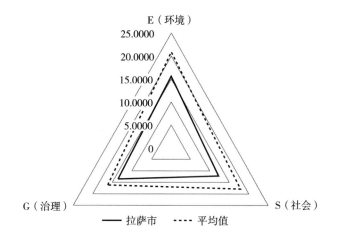

图 5.35 2020 年拉萨市可持续发展能力分项指标雷达图

表 5.35 2020 年拉萨市可持续发展能力分项指数

拉萨市	标准化值
E（环境）指数	15.6010
S（社会）指数	12.2237
G（治理）指数	13.5407

5.3.27 呼和浩特市可持续发展能力评价结果

从呼和浩特市 3 个一级指标得分情况来看，只有 S（社会）指数与平均值相差无几，E（环境）指数与 G（治理）指数得分与平均值差距较大（见图 5.36）。

从分项指标来看，E（环境）指数仍存在较大进步空间，具体表现为在压力下辖的 5 个三级指标中，只有万元 GDP 能耗的相关数据，而在状态下辖的三级指标中，呼和浩特市的二氧化硫浓度年均值与 PM2.5 浓度年均值较高。但呼和浩特市的 S（社会）指数与 G（治理）指数表现良好。除此之外，呼和浩特市在社会下辖的二级指标公平方面仍需努力，具体表现为较高的基尼系数以及较低的市政女领导干部比重。另外，呼和浩

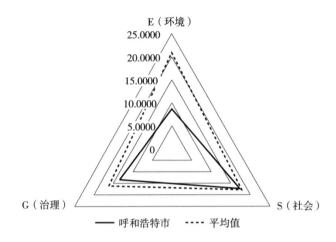

图 5.36 2020 年呼和浩特市可持续发展能力分项指标雷达图

特市的财政情况需要改善，主要是因为较高的总债务率与较低的保障倍数，这需要引起政府部门的高度重视，亟须认识到当前存在的财政风险压力。2020 年呼和浩特市可持续发展能力分项指数如表 5.36 所示。

表 5.36 2020 年呼和浩特市可持续发展能力分项指数

呼和浩特市	标准化值
E（环境）指数	8.6328
S（社会）指数	17.3012
G（治理）指数	13.3851

第6章 各省、自治区内城市可持续发展能力评价结果分析

本章将对27个省、自治区内的城市与行政区可持续发展能力评价结果进行比较，探讨总结出全国各省、自治区的可持续发展能力现状。然后，通过对比各省、自治区内可持续发展能力指数分项指标的全省排名情况，分析总结各省份、自治区在可持续发展过程中存在的弱点。最后，本章通过梳理各省份内下辖市或行政区的指标省内排名，探讨影响各城市可持续发展能力水平的主要因素。由于篇幅有限，本章只对各省、自治区的主要城市或行政区做详细分析。

6.1 河北省城市可持续发展能力评价结果

河北省地处中国华北地区，下辖11个地级市。在2020年全国城市可持续发展能力评价结果中，下辖城市表现一般。主要城市评价结果如表6.1和表6.2所示。

表 6.1　河北省主要城市可持续发展能力评价结果

城市	标准化值
石家庄市	51.8145
承德市	45.6777
沧州市	45.0433
秦皇岛市	44.7320
唐山市	43.6720
张家口市	43.6579

表 6.2　河北省主要城市可持续发展能力分项指标评价结果

城市	E（环境）指数	S（社会）指数	G（治理）指数
	标准化值	标准化值	标准化值
石家庄市	16.5913	19.8529	15.3704
承德市	15.4928	16.8678	13.3171
沧州市	16.0995	16.3380	12.6058
秦皇岛市	14.9788	17.4314	12.3219
唐山市	13.9637	16.9582	12.7502
张家口市	16.0884	16.7106	10.8589

　　从河北省下辖城市的 3 个分项指标全国得分情况来看，S（社会）指数表现出色；G（治理）指数表现一般；E（环境）指数表现欠佳。河北省作为工业大省，其各城市万元 GDP 废水及废气排放量相对较高、人均水资源量相对缺乏，这是导致其得分欠佳的主要原因。

　　从河北省下辖城市的各分项指标的省内结果来看，省会石家庄市在各分项指标的排名中都处于领先地位；承德市与沧州市 3 项指标得分较为均衡，各项指数得分相差不大；秦皇岛市的 S（社会）指数和 G（治理）指数表现较好，但 E（环境）指数表现欠佳；唐山市的 E（环境）指数表现欠佳[①]，但 G（治理）指数和 S（社会）指数表现突出；张家口

---

① 城市各分项指数表现按照全国/省内水平进行评价，特此说明。后文同。

市的 E（环境）指数和 S（社会）指数较好，但 G（治理）指数还有进步空间。

6.2 山西省城市可持续发展能力评价结果

山西省地处我国中北部地区，下辖 11 个地级市，在 2020 年城市可持续发展能力评价结果中，山西省下辖的城市表现欠佳。主要城市评价结果如表 6.3 和表 6.4 所示。

表 6.3 山西省主要城市可持续发展能力评价结果

城市	标准化值
晋城市	45.0230
太原市	44.5567
晋中市	44.0827
忻州市	43.0589
阳泉市	38.1938
运城市	36.7217

表 6.4 山西省主要城市可持续发展能力分项指标评价结果

城市	E（环境）指数	S（社会）指数	G（治理）指数
	标准化值	标准化值	标准化值
晋城市	16.9928	15.1377	12.8926
太原市	10.9361	18.8752	14.7454
晋中市	17.1231	15.0392	11.9205
忻州市	15.8282	17.0626	10.1680
阳泉市	15.6683	12.8428	9.6828
运城市	9.8976	14.1545	12.6696

从山西省下辖城市的分项指标全国得分情况来看，各城市 E（环境）指数得分欠佳，得分最靠前的为晋中市，接下来是晋城市，其余城市表现一般。山西省地处内陆高原地区，年平均降水量较少，植被生长环境条件有限，导致其 E（环境）指数表现欠佳的主要原因是人均水资源量与人均公园绿地面积的不足。在 S（社会）指数方面，山西省各城市表现一般，太原市与忻州市表现较好，其余城市表现欠佳，导致这一结果的主要原因是山西省三大基本保险的覆盖率仍有进步空间。在 G（治理）指数方面，其下辖各城市表现平平，从 G（治理）指数三级指标得分情况来看，山西省各城市 R&D 经费支出数据、医疗投入支出、文化体育传媒支出数据的缺失，导致其 G（治理）指数表现欠佳。

从山西省下辖城市的各分项指标的省内得分结果来看，太原市 E（环境）指数得分表现欠佳，S（社会）指数和 G（治理）指数得分表现突出；晋城市 3 项指标得分表现均较好；晋中市的 E（环境）指数得分表现突出，但 S（社会）指数表现相对欠佳；运城市 E（环境）指数和 S（社会）指数表现欠佳，但 G（治理）指数表现较好；忻州市 G（治理）指数表现欠佳，但 E（环境）指数和 S（社会）指数较好。

6.3 内蒙古自治区城市可持续发展能力评价结果

内蒙古自治区位于我国北部地区，横跨东北、华北、西北三大地区，下辖 9 个地级市和 3 个盟。2020 年，在全国城市可持续发展能力评价结果中，内蒙古自治区下辖的市盟得分情况欠佳，主要城市评价结果如表 6.5 和表 6.6 所示。

表 6.5　内蒙古自治区主要城市可持续发展能力评价结果

城市	标准化值
呼和浩特市	39.3191
包头市	37.6273
赤峰市	36.7063
鄂尔多斯市	35.9090
乌海市	34.7457
巴彦淖尔市	34.4796

表 6.6　内蒙古自治区主要城市可持续发展能力分项指标评价结果

城市	E（环境）指数	S（社会）指数	G（治理）指数
	标准化值	标准化值	标准化值
呼和浩特市	8.6328	17.3012	13.3851
包头市	6.4010	18.7727	12.4536
赤峰市	8.1141	16.6834	11.9089
鄂尔多斯市	8.7098	16.4262	10.7730
乌海市	7.9695	15.8746	10.9016
巴彦淖尔市	7.9068	16.1104	10.4624

　　从内蒙古自治区市盟的 3 个分项指标的全国得分来看，在 E（环境）指数得分方面，下辖地区的表现欠佳。这主要是因为内蒙古位于我国北部地区，地处高原，多风沙，降水量由东向西逐渐减少，植被生长条件有限所致。内蒙古自治区的 S（社会）指数得分情况相对较好。在 G（治理）指数得分情况方面，部分城市表现欠佳，这需要引起相关政府部门的注意。

　　从内蒙古自治区市盟的各分项指标省内得分来看，省会城市呼和浩特市的 E（环境）指数表现相对欠佳，而 G（治理）指数和 S（社会）指数得分情况较好。包头市在 S（社会）指数和 G（治理）指数方面表现较出色，但在 E（环境）指数方面表现欠佳，这说明包头市可持续发展不均衡、不充分。乌海市与赤峰市 3 项指标得分排名分布较为平均。巴彦淖尔市 3 项指标排名表现一般。鄂尔多斯市 3 项指标得分情况良好。

6.4 辽宁省城市可持续发展能力评价结果

辽宁省地处我国东北地区，同时也是沿海省份，下辖 14 个城市。在 2020 年全国城市可持续发展能力评价结果中，辽宁省下辖城市的得分情况较为一般，城市之间得分差距较大，这说明辽宁省城市可持续发展水平总体有待提高，主要城市评价结果如表 6.7 和表 6.8 所示。

表 6.7 辽宁省主要城市可持续发展能力评价结果

城市	标准化值
大连市	54.1201
沈阳市	53.6158
葫芦岛市	47.1197
抚顺市	46.0190
丹东市	44.8931
铁岭市	44.4680

表 6.8 辽宁省主要城市可持续发展能力分项指标评价结果

城市	E（环境）指数	S（社会）指数	G（治理）指数
	标准化值	标准化值	标准化值
大连市	21.0574	18.2067	14.8560
沈阳市	19.1754	18.0868	16.3536
葫芦岛市	17.2863	17.2387	12.5947
抚顺市	17.8968	16.7759	11.3464
丹东市	18.4568	15.8697	10.5666
铁岭市	16.0348	18.5526	9.8805

从辽宁省下辖城市的3个分项指标全国得分来看，E（环境）指数表现较好；在S（社会）指数与G（治理）指数方面，辽宁省下辖城市的排名情况两极分化严重。就S（社会）指数来说，总体表现不错，而在G（治理）指数得分情况方面，辽宁省内城市表现欠佳。通过分析三级指标得分情况发现，辽宁省在治理方面得分欠佳的主要原因在于其法治建设有待进一步完善，具体来说，辽宁省个别城市新增政府规章及行政规范性文件数量及办理人大代表建议和政协委员提案数量均相对较少。

从辽宁省各城市的各分项指标省内得分来看，沈阳市和大连市的3个分项指标表现突出，其中大连市的分项指标表现更为出色；葫芦岛市的S（社会）指数和G（治理）指数相对较好，但E（环境）指数表现并不突出；铁岭市E（环境）指数和G（治理）指数两项指标均表现欠佳，但S（社会）指数表现突出；抚顺市G（治理）指数表现欠佳，但E（环境）指数和S（社会）指数表现相对较好；丹东市E（环境）指数表现较好，但S（社会）指数和G（治理）指数表现相对欠佳。

6.5　吉林省城市可持续发展能力评价结果

吉林省地处中国东北中部地区，共下辖8个地级市和1个自治州。在2020年全国城市可持续发展能力评价结果中，吉林省下辖市州的表现一般，主要城市评价结果如表6.9和表6.10所示。

表6.9　吉林省主要城市可持续发展能力评价结果

城市	标准化值
长春市	46.3571
白山市	43.2451

城市	标准化值
辽源市	43.1898
白城市	43.0998
松原市	42.6112
吉林市	42.3080

表6.10　吉林省主要城市可持续发展能力分项指标评价结果

城市	E（环境）指数	S（社会）指数	G（治理）指数
	标准化值	标准化值	标准化值
长春市	18.5211	14.8465	12.9896
白山市	17.3128	16.2767	9.6556
辽源市	16.5151	16.5933	10.0814
白城市	17.3606	16.2683	9.4709
松原市	17.6236	12.6429	12.3447
吉林市	16.1870	15.2289	10.8921

从吉林省各市州的分项指标的全国得分来看，E（环境）指数表现良好；S（社会）指数得分参差不齐，地区之间差距较大；但吉林省下辖地区的G（治理）指数得分情况有待提高，这主要是由个别城市"12345"热线与网站建设情况不佳、新增政府规章及行政规范性文件数量较少、每万人公共图书馆藏书量较少所致。

从吉林省主要城市的各分项指标省内得分来看，省会城市长春市除了S（社会）指数表现欠佳，其余指数均表现突出；吉林市E（环境）指数表现欠佳，但G（治理）指数与S（社会）指数均表现突出；白城市E（环境）指数、S（社会）指数得分较为靠近，表现较好；辽源市分项指标得分差距较大，其中S（社会）指数表现突出，但E（环境）指数有待提高；白山市E（环境）指数和S（社会）指数表现较好，但G（治理）

指数表现欠佳；松原市 E（环境）指数和 G（治理）指数表现突出，但 S（社会）指数表现欠佳。

6.6 黑龙江省城市可持续发展能力评价结果

黑龙江省位于中国东北地区，下辖 12 个地级市和 1 个行政公署。在 2020 年全国城市可持续发展能力评价结果中，黑龙江省下辖城市表现相对欠佳，反映出黑龙江省城市可持续发展能力还有进步空间，主要城市评价结果如表 6.11 和表 6.12 所示。

表 6.11　黑龙江省主要城市可持续发展能力评价结果

城市	标准化值
佳木斯市	45.3139
哈尔滨市	44.4028
大庆市	44.2187
牡丹江市	43.7932
双鸭山市	41.2022
伊春市	40.9518

表 6.12　黑龙江省主要城市可持续发展能力分项指标评价结果

城市	E（环境）指数	S（社会）指数	G（治理）指数
	标准化值	标准化值	标准化值
佳木斯市	17.0708	16.8555	11.3875
哈尔滨市	15.8505	15.6770	12.8753
大庆市	16.9962	14.9974	12.2251
牡丹江市	17.1966	16.5288	10.0678
双鸭山市	16.9277	15.6502	8.6244
伊春市	17.9704	15.0122	7.9691

从分项指标全国得分来看，黑龙江省 3 项指标的表现欠佳，尤其是 G（治理）指数。在 E（环境）指数中，导致黑龙江省 E（环境）指数表现欠佳的主要原因是多个城市的二氧化硫浓度年均值、二氧化氮浓度年均值及 PM2.5 浓度年均值偏高。在 S（社会）指数中，由于黑龙江省个别城市通胀率较高、一般预算支出教育投入比率仍需要提高，S（社会）指数表现相对欠佳。在 G（治理）指数方面，黑龙江省地方人均负债额整体偏高、每万人公共图书馆藏书量偏低，说明黑龙江省的政府治理有待进一步完善。

从黑龙江省主要城市的分项指标的省内得分来看，佳木斯市的领先地位较为明显，3 项指标表现突出；而省会哈尔滨市在 E（环境）指数方面表现欠佳，S（社会）指数和 G（治理）指数表现较好；双鸭山市 E（环境）指数和 S（社会）指数表现较好，但 G（治理）指数欠佳；大庆市 3 项指标表现均较好；伊春市指标得分之间落差较大，其 G（治理）指数表现欠佳，但 E（环境）指数表现较好；牡丹江市的 E（环境）指数和 S（社会）指数表现突出，但 G（治理）指数表现一般。总体来看，黑龙江省下辖地区的城市可持续发展情况有待进一步提高，需要引起政府部门的注意。

6.7 江苏省城市可持续发展能力评价结果

江苏省地处我国东部沿海、长江下游地区，下辖 13 个地级市。在 2020 年全国城市可持续发展能力评价结果中，江苏省下辖城市表现优异，这表明江苏省的可持续发展能力较强，领先于全国大部分省份，主要城市评价结果如表 6.13 和表 6.14 所示。

表6.13　江苏省主要城市可持续发展能力评价结果

城市	标准化值
南京市	56.0901
无锡市	51.7193
常州市	51.2645
扬州市	50.0714
泰州市	49.5588
苏州市	48.5900

表6.14　江苏省主要城市可持续发展能力分项指标评价结果

城市	E（环境）指数	S（社会）指数	G（治理）指数
	标准化值	标准化值	标准化值
南京市	22.3839	15.9891	17.7171
无锡市	17.9727	19.6039	14.1426
常州市	17.7381	17.3231	16.2033
扬州市	18.8817	17.4543	13.7354
泰州市	19.7272	16.4750	13.3566
苏州市	17.7874	13.6528	17.1498

从分项指标的全国得分来看，江苏省3项指标均表现较好，但存在城市间差距较大的情况。E（环境）指数中，多数城市表现较好，但少数城市表现欠佳。总体来看，江苏省城市重视可持续发展能力的培养，其可持续发展水平处于全国的拔尖水平。

从江苏省城市的各分项指标省内得分来看，省会南京市S（社会）指数表现在江苏省各城市范围内相对欠佳，因其较高的基尼系数、较低的市政女领导干部占比导致南京市表现欠佳，但E（环境）指数与G（治理）指数表现突出，这说明南京市需要加强社会公平的建设；无锡市的S（社会）指数和G（治理）指数表现突出，但E（环境）指数表现欠佳，这主要是因为和其他城市相比，无锡市城市建成区绿化覆盖率数据、城市生活污水处理率数据缺失；常州市S（社会）指数与G（治理）指数表现较好，但其城市建成区绿化覆盖率数据、城市生活污水处理率数据缺失导致

E（环境）指数表现欠佳；苏州市 G（治理）指数表现较好，E（环境）指数与 S（社会）指数表现相对其他城市较为一般；扬州市 3 项指标表现均较好；泰州市 E（环境）指数表现突出，但其余两项指标表现欠佳；其余城市的各个分项指标与其可持续发展指数较为一致。

6.8 浙江省城市可持续发展能力评价结果

浙江省地处中国东南沿海地区，下辖 11 个地级市。在 2020 年全国城市可持续发展能力评价结果中，浙江省下辖城市中城市可持续发展能力较好。可见浙江省城市的整体可持续发展水平较高。主要城市评价结果如表6.15 和表 6.16 所示。

表 6.15 浙江省主要城市可持续发展能力评价结果

城市	标准化值
杭州市	60.1287
宁波市	55.7254
台州市	48.9230
绍兴市	48.8565
丽水市	48.6628
衢州市	48.6392

表 6.16 浙江省主要城市可持续发展能力分项指标评价结果

| 城市 | E（环境）指数 | S（社会）指数 | G（治理）指数 |
	标准化值	标准化值	标准化值
杭州市	23.1903	18.2282	18.7102
宁波市	20.3934	18.8354	16.4965
台州市	19.1587	16.5801	13.1842

续表

城市	E（环境）指数	S（社会）指数	G（治理）指数
	标准化值	标准化值	标准化值
绍兴市	16.3756	17.8149	10.9715
丽水市	19.5817	16.1101	12.9709
衢州市	17.7348	18.4716	12.4328

从分指标全国得分来看，E（环境）指数总体表现不错，环境治理能力良好，但大部分城市还需进一步提升；S（社会）指数中，浙江省城市表现较好，基本养老保险、医疗保险和失业保险覆盖率是其表现欠佳的主要原因；G（治理）指数方面，城市治理能力较好。

从浙江省城市的3项分指标来看，杭州市、宁波市表现明显领先，其中杭州市的E（环境）指数、G（治理）、S（社会）指数表现更为突出。绍兴市的E（环境）指数、G（治理）指数表现欠佳，但S（社会）指数表现较好。衢州市的S（社会）指数表现较好，E（环境）指数、G（治理）指数表现欠佳，其基本医疗保险、失业保险、养老保险覆盖率等社会稳定能力有待进一步提升，新增政府规章及行政规范性文件数量、R&D经费支出占地区生产总值比例等城市治理方面需要进一步完善。台州市和丽水市E（环境）指数表现较好，但S（社会）指数和G（治理）指数表现欠佳。

6.9 安徽省城市可持续发展能力评价结果

安徽省地处中国中部地区，下辖16个地级市。在2020年全国城市可持续发展能力评价结果中，各城市表现存在差距，大部分城市得分有待提升。主要城市评价结果如表6.17和表6.18所示。

表 6.17　安徽省主要城市可持续发展能力评价结果

城市	标准化值
黄山市	52.3451
合肥市	52.0356
马鞍山市	49.0352
芜湖市	47.7994
池州市	45.7732
宣城市	45.5963

表 6.18　安徽省主要城市可持续发展能力分项指标评价结果

城市	E（环境）指数	S（社会）指数	G（治理）指数
	标准化值	标准化值	标准化值
黄山市	21.1994	17.6764	13.4694
合肥市	14.7877	20.3927	16.8552
马鞍山市	17.4491	17.5907	13.9955
芜湖市	17.2754	15.7710	14.7529
池州市	14.2755	18.4493	13.0483
宣城市	15.2471	17.3373	13.0119

从安徽省的 3 项分指标全国得分来看，G（治理）指数得分情况相对较好，城市治理能力表现较好。E（环境）指数、S（社会）指数表现欠佳，E（环境）指数方面，安徽省的万元 GDP 工业废气排放量、万元 GDP 工业烟尘排放量、城市生活污水排放量等指标得分有待提高。S（社会）指数得分表明，社会治理方面也需努力完善治理。

从安徽省城市的 3 项分指标来看，不存在 3 项指标一致都好的城市，合肥市、芜湖市、马鞍山市的 3 项分指标得分相对一致，虽在安徽省内可持续发展能力表现相对较好，但仍有一定的进步空间。合肥市 S（社会）指数、G（治理）指数省内表现突出。芜湖市 E（环境）指数、G（治理）指数省内表现突出，S（社会）指数省内表现相对欠佳。宣城市的 E（环境）指数和 S（社会）指数表现较为良好。黄山市、池州市 G（治理）指数表现欠佳，但黄山市 E（环境）指数、池州市的 S（社会）指数表现突出。在环境方面，黄山市的万元 GDP 工业废水排放量、万元 GDP工业废气排放量、万元 GDP 工业烟尘排放量、城市建成区绿化覆盖率、工业固体废弃物利用率等方面做得较好；在治理方面，黄山市的新增政府规章及行政规范性文件数量方面还有进步的空间。

6.10　福建省城市可持续发展能力评价结果

福建省地处中国东南沿海地区，下辖 9 个地级市，其中含 1 个副省级市和 1 个综合实验区。主要城市评价结果如表 6.19 和表 6.20 所示。

表 6.19　福建省主要城市可持续发展能力评价结果

城市	标准化值
厦门市	55.2631
福州市	51.4988
泉州市	46.8706
三明市	46.7601
宁德市	46.3839
莆田市	45.8436

表 6.20　福建省主要城市可持续发展能力分项指标评价结果

城市	E（环境）指数	S（社会）指数	G（治理）指数
	标准化值	标准化值	标准化值
厦门市	19.6001	19.2820	16.3810
福州市	19.8521	15.6399	16.0068
泉州市	18.3160	16.1650	12.3895
三明市	18.4286	17.1197	11.2118

续表

城市	E（环境）指数	S（社会）指数	G（治理）指数
	标准化值	标准化值	标准化值
宁德市	19.4082	14.7581	12.2175
莆田市	18.6140	15.0129	12.2167

从福建省的3项指标全国得分来看，E（环境）指数表现一般。S（社会）指数中，其社会稳定方面做得较好。G（治理）指数中，福州市、厦门市做得较好。福建省整体城市可持续发展能力表现较好，但仍有进步空间。

从福建省主要城市的3项分指标省内得分来看，厦门市的3项指标均较好。福州市的E（环境）指数、G（治理）指数省内表现较好，但S（社会）指数排名相对欠佳，福州市的行政案件数量是否披露、民商案件数量是否披露、基本养老保险覆盖率、基本医疗保险覆盖率、基本失业保险覆盖率、社会保障与就业支出占财政支出的比重等社会稳定指标得分有待提高。三明市的E（环境）指数、G（治理）指数表现欠佳，但S（社会）指数较好。莆田市的3项分指标表现欠佳，整体可持续发展能力有待提升，需要采取积极行动，提升自身的城市可持续发展能力。泉州市的S（社会）指数、G（治理）指数表现较好，但E（环境）指数表现欠佳。宁德市的S（社会）指数、G（治理）指数表现欠佳，但E（环境）指数较好。

6.11 江西省城市可持续发展能力评价结果

江西省地处中国东南地区，下辖11个地级市。在2020年全国城市可持续发展能力评价结果中，整体表现较好。主要城市评价结果如表6.21和表6.22所示。

表 6.21 江西省主要城市可持续发展能力评价结果

城市	标准化值
南昌市	55.0690
鹰潭市	51.9962
吉安市	51.0878
上饶市	50.7675
宜春市	50.3102
景德镇市	50.1147

表 6.22 江西省主要城市可持续发展能力分项指标评价结果

城市	E（环境）指数	S（社会）指数	G（治理）指数
	标准化值	标准化值	标准化值
南昌市	22.3042	19.5111	13.2537
鹰潭市	22.6700	18.1916	11.1346
吉安市	22.2916	17.0384	11.7577
上饶市	23.1570	16.2214	11.3890
宜春市	21.8574	17.2199	11.2328
景德镇市	22.5703	16.1927	11.3517

从江西省3项指标全国得分来看，E（环境）指数表现优秀；S（社会）指数表现一般；G（治理）指数欠佳，说明城市治理有待提高。江西省的整体 E（环境）指数表现优异，相比之下 G（治理）指数表现需要更加努力。

从江西省主要城市3项指标省内得分来看，南昌市、鹰潭市得分较高，南昌市的城市生活污水排放量和城市生活污水处理率指标得分相对欠佳，可在城市生活污水治理方面做出改善。鹰潭市除 G（治理）指数表现欠佳外，E（环境）指标、S（社会）指标表现较好，鹰潭市的城市法治治理的相关指标得分相对欠佳，如新增政府规章及行政规范性文件数量、办理人大代表建议和政协委员提案数量等。吉安市 E（环境）指数表现欠佳，S（社会）指数和 G（治理）指数表现相对优秀。宜春市除 S（社会）指数表现突出外，E（环境）指数、G（治理）指数还存在较大提升空间。上饶市 E（环境）指数表现突出，但 S（社会）指数和 G（治理）指数表现一般，但总体表现较好。

6.12　山东省城市可持续发展能力评价结果

山东省地处中国东部沿海，下辖 16 个地级市。主要城市评价结果如表 6.23 和表 6.24 所示。

表 6.23　山东省主要城市可持续发展能力评价结果

城市	标准化值
德州市	51.4942
青岛市	51.3139
威海市	51.2321
烟台市	49.0176
淄博市	48.7124
东营市	48.2203

表 6.24　山东省主要城市可持续发展能力分项指标评价结果

城市	E（环境）指数	S（社会）指数	G（治理）指数
	标准化值	标准化值	标准化值
德州市	18.5094	19.6892	13.2956
青岛市	19.7451	18.0650	13.5038
威海市	20.1550	17.3028	13.7743
烟台市	19.1781	16.7589	13.0806
淄博市	18.2045	15.8678	14.6401
东营市	17.9177	17.1222	13.1804

从山东省 3 项指标全国得分来看，G（治理）指数相对较好；E（环境）指数和 S（社会）指数表现参差不齐。从整体来看，山东省的城市可持续发展能力较好，但仍有一定的进步空间。

从山东省主要城市 3 项指标省内得分来看，威海市各方面处于相对领先地位，E（环境）指数、S（社会）指数、G（治理）指数表现突出。青岛市各项指数也较好，E（环境）指数、S（社会）指数表现突出，但 G（治理）指数表现较为一般。东营市、烟台市 G（治理）指数还有较大进步空间，而 S（社会）指数相对较好；淄博市的 E（环境）指数、S（社会）指数表现欠佳，但 G（治理）指数表现突出，在环境治理方面，万元 GDP 工业废水排放量、万元 GDP 工业废气排放量、万元 GDP 工业烟尘排放量、城市生活污水排放量等指标得分有待提高，环境压力较大；在社会治理方面，各项指标得分有待提高，尤其是基本养老保险覆盖率、基本医疗保险覆盖率；在城市治理方面、治理服务方面有待改善。

6.13 河南省城市可持续发展能力评价结果

河南省位于中国中部地区，是中国人口大省，下辖 17 个地级市。在 2020 年全国城市可持续发展能力评价结果中，河南省各城市整体还存在较大进步空间，主要城市评价结果如表 6.25 和表 6.26 所示。

表 6.25 河南省主要城市可持续发展能力评价结果

城市	标准化值
郑州市	55.9279
信阳市	49.9822
漯河市	47.2278
濮阳市	46.9419
许昌市	46.9081
开封市	46.8976

表6.26　河南省主要城市可持续发展能力分项指标评价结果

城市	E（环境）指数	S（社会）指数	G（治理）指数
	标准化值	标准化值	标准化值
郑州市	21.5452	18.1633	16.2194
信阳市	20.7175	16.9460	12.3188
漯河市	20.7375	13.9077	12.5827
濮阳市	20.6493	15.9164	10.3762
许昌市	20.8737	16.1546	9.8798
开封市	20.5701	14.5655	11.7620

从河南省3项指标全国得分来看，河南省的城市可持续发展能力和城市治理能力有待提升、城市治理服务方面需加强完善，要增强R&D经费支出比例、积极发展文化体育传媒项目等。

从河南省主要城市3项指标省内得分来看，郑州市可持续发展能力发展均衡且有明显优势。开封市各指标相对欠佳，在环境治理方面，环境状况有待提高，万元GDP工业废水排放量、万元GDP工业废气排放量、万元GDP工业烟尘排放量、城市生活污水排放量、年降水量、人均公园绿地面积等指标得分有待提高，环境压力较大，环境响应效果有待加强；在社会治理方面，社会公平发展还需努力，农林水支出占比、市政女领导干部比重指标得分有待提高，社会保障发展还需努力，各保险覆盖率有待提高；在城市治理方面，城市法治建设有待加强，政府决策公众意见征集数量、"12345"热线与网站建设情况指标得分有待提高。濮阳市E（环境）指数、S（社会）指数表现较好，但G（治理）指数表现欠佳，在城市治理方面，需加强城市法治建设，加强政府与公众间的沟通。漯河市的E（环境）指数、G（治理）指数表现较好，但S（社会）指数表现欠佳，需完善社会公平发展，建设社会案件披露机制，增强政府与公众之间的沟通。信阳市3项指标较为平均。许昌市E（环境）指数、S（社会）指数表现较好，但G（治理）指数表现欠佳。

6.14　湖北省城市可持续发展能力评价结果

湖北省地处中国中部地区，也属于长江中游地区，下辖 12 个地级市和 1 个自治区。主要城市评价结果如表 6.27 和表 6.28 所示。

表 6.27　湖北省主要城市可持续发展能力评价结果

城市	标准化值
武汉市	53.0179
十堰市	52.7301
襄阳市	48.4236
黄石市	47.2243
黄冈市	46.4378
咸宁市	46.0473

表 6.28　湖北省主要城市可持续发展能力分项指标评价结果

城市	E（环境）指数	S（社会）指数	G（治理）指数
	标准化值	标准化值	标准化值
武汉市	21.1021	16.9705	14.9453
十堰市	21.6089	17.7833	13.3379
襄阳市	17.0591	16.2335	15.1311
黄石市	16.3755	17.6375	13.2112
黄冈市	16.8585	16.8944	12.6849
咸宁市	21.3008	13.4069	11.3396

总体来看，湖北省的城市可持续发展能力较好，但仍有许多城市表现欠佳，湖北省需努力提高整体可持续发展能力水平，使省内城市均衡发展。

从湖北省主要城市 3 项指标省内得分来看，武汉市、十堰市具有优势地位，武汉市的可持续发展能力较均衡，且处于较高的发展水平；十堰市的 E（环境）指数和 S（社会）指数与武汉市相比具有优势，可持续发展能力在这两方面做得更好。荆州市表现相对欠佳，可持续发展能力有待提高。黄石市 E（环境）指数欠佳，但 S（社会）指数、G（治理）指数表现较好，在环境治理方面，万元 GDP 工业废水排放量、万元 GDP 工业废气排放量、万元 GDP 工业烟尘排放量指标得分有待提高；在社会治理方面表现较好；在城市治理方面，需加强政府与公众的对话建设，完善法治建设。襄阳市 G（治理）指数表现突出，但 E（环境）指数和 S（社会）指数表现欠佳。黄冈市 E（环境）指数和 G（治理）指数表现一般，S（社会）指数相对突出。咸宁市的 S（社会）指数、G（治理）指数表现欠佳，但其 E（环境）指数表现较好，咸宁市需改善城市生活污水处理现状，加大对污染治理的投入，注重社会效率与公平发展，提高城市可持续发展能力水平。

6.15　湖南省城市可持续发展能力评价结果

　　湖南省地处中国中南部，下辖 13 个地级市和 1 个自治州，2020 年湖南省城市可持续发展能力整体靠前，主要城市评价结果如表 6.29 和表 6.30 所示。

表 6.29　湖南省主要城市可持续发展能力评价结果

城市	标准化值
长沙市	54.2702
张家界市	54.1759
怀化市	53.4212
湘潭市	53.1791

城市	标准化值
郴州市	52.0399
常德市	52.0227

表 6.30　湖南省主要城市可持续发展能力分项指标评价结果

城市	E（环境）指数	S（社会）指数	G（治理）指数
	标准化值	标准化值	标准化值
长沙市	22.7812	15.9672	15.5218
张家界市	23.2748	18.1842	12.7169
怀化市	22.6230	18.0554	12.7428
湘潭市	21.4069	18.4239	13.3483
郴州市	21.0294	17.8401	13.1703
常德市	22.3042	16.7767	12.9418

从分项指标的全国得分来看，湖南省 E（环境）指数表现较好，S（社会）指数和 G（治理）指数排名较 E（环境）指数表现较弱。总的来说，湖南省的 3 个分项指标之间有些差距，提升 S（社会）指标和 G（治理）表现是湖南省提升可持续发展能力的入手点。对于 S（社会）指标的提升，可以从提高人均 GDP、第三产业占 GDP 比重、农林水支出占比、一般预算支出教育投入比率等方面进行；对于 G（治理）指标的提升，可以从增大保障倍数、提高政策决策公众意见征集数量、提高 R&D 经费支出占地区生产总值比例等方面进行。

从湖南省城市的各项分指标来看，省会长沙市在 E（环境）指数和 G（治理）指数上领先，但是在 S（社会）指数上表现欠佳，湘潭市 S（社会）指数和 G（治理）指数表现较好，E（环境）指数表现欠佳；郴州市的 E（环境）指数和 G（治理）指数表现一般，但 S（社会）指数表现优秀；常德市 E（环境）指数和 S（社会）指数表现良好，但 G（治理）指数还需提高；张家界市在 E 指数（环境）和 S（社会）指数上处于省内前列，但是其 G（治理）指数表现欠佳。怀化市 E（环境）指数和 S（社会）指数表现良好，但 G（治理）指数表现欠佳，治理能力还有待提升。

6.16 广东省城市可持续发展能力评价结果

广东省地处中国南端沿海，下辖 21 个地级市。在 2020 年全国城市可持续发展能力评价结果中，广东省分布不均。主要城市评价结果如表 6.31 和表 6.32 所示。

表 6.31 广东省主要城市可持续发展能力评价结果

城市	标准化值
深圳市	63.1206
广州市	58.9208
东莞市	54.8151
中山市	51.2790
河源市	50.8364
珠海市	49.8505

表 6.32 广东省主要城市可持续发展能力分项指标评价结果

城市	E（环境）指数	S（社会）指数	G（治理）指数
	标准化值	标准化值	标准化值
深圳市	22.8121	17.4102	22.8981
广州市	24.3058	17.7604	16.8544
东莞市	18.7270	19.8955	16.1925
中山市	18.6000	17.5370	15.1418
河源市	19.6965	17.5716	13.5682
珠海市	16.4429	18.4577	14.9497

从分项指标全国得分来看，G（治理）指数表现较好；E（环境）指数和S（社会）指数较G（治理）指数表现欠佳。总的来说，广东省的3项指标之间有些差距，提升E（环境）指标和S（社会）指标表现是广东省提升可持续发展能力的入手点。具体来说，对于E（环境）指标的提升，可以从提高人均水资源量、降低二氧化氮浓度年均值、增加自然保护区面积、提升城市生活污水处理率等方面入手；对于S（社会）指标的提升，从提高人均GDP、城镇新增就业人数占城镇总就业人数比重、农林水支出占比，以及基本养老、医疗、失业保险覆盖率等方面进行。

从广东省城市的各分项指标省内得分来看，省会广州市的E（环境）指数和G（治理）指数表现突出，S（社会）指数表现一般；深圳市的E（环境）指数和G（治理）指数表现较好，S（社会）指数表现一般；珠海市的E（环境）指数表现欠佳，S（社会）指数、G（治理）指数表现良好；河源市的E（环境）指数和S（社会）指数表现良好，但G（治理）指数表现欠佳；东莞市的E（环境）指数和G（治理）指数表现良好，S（社会）指数表现优秀；中山市的E（环境）、S（社会）和G（治理）指数均表现良好。

6.17　广西壮族自治区城市可持续发展能力评价结果

广西壮族自治区地处中国华南地区，下辖14个地级市。在2020年全国城市可持续发展能力评价结果中，广西壮族自治区还有较大进步空间。主要城市评价结果如表6.33和表6.34所示。

表 6.33 广西壮族自治区主要城市可持续发展能力评价结果

城市	标准化值
南宁市	52.9890
北海市	49.6391
梧州市	48.9202
玉林市	47.7636
桂林市	47.7146
来宾市	47.3578

表 6.34 广西壮族自治区主要城市可持续发展能力分项指标评价结果

城市	E（环境）指数	S（社会）指数	G（治理）指数
	标准化值	标准化值	标准化值
南宁市	22.5948	16.6688	13.7253
北海市	21.4568	17.7121	10.4700
梧州市	22.0980	16.8451	9.9770
玉林市	20.5765	17.9684	9.2186
桂林市	21.5705	15.9588	10.1852
来宾市	21.0684	17.8841	8.4052

从分项指标的全国排名来看，E（环境）指数和 S（社会）指数表现较好，G（治理）指数表现较弱。总的来说，广西壮族自治区的 3 个分项指标之间差距明显，提升 G（治理）指数表现是广西壮族自治区提升可持续发展能力的关键。具体来说，对于 G（治理）指标的提升，可以从增加政策决策公众意见征集数量、加强 12345 热线与网站建设情况、提高 R&D 经费支出占地区生产总值比例、提高专利数量等方面进行。

从广西壮族自治区城市的各项分指标来看，省会南宁市的 E（环境）指数和 G（治理）指数表现优异，S（社会）指数表现一般；桂林市的 E

（环境）指数和 G（治理）指数表现较好，S（社会）指数表现一般；梧
州市的 E（环境）、S（社会）和 G（治理）指数表现突出；北海市的 3
项指数表现均较为优异；玉林市的 E（环境）指数和 G（治理）指数表
现一般，S（社会）指数表现优异；来宾市的 S（社会）指数表现优异，
G（治理）指数表现欠佳，E（环境）指数表现一般。

6.18　海南省城市可持续发展能力评价结果

海南省位于中国最南端，下辖 4 个地级市。在 2020 年全国可持续发
展能力评价结果中，可以看出海南省还有较大进步空间。主要城市具体评
价结果如表 6.35 和表 6.36 所示。

表 6.35　海南省主要城市可持续发展能力评价结果

城市	标准化值
海口市	54.6732
三亚市	45.0043

表 6.36　海南省主要城市可持续发展能力分项指标评价结果

城市	E（环境）指数	S（社会）指数	G（治理）指数
	标准化值	标准化值	标准化值
海口市	19.0922	18.0285	17.5524
三亚市	18.0045	12.9291	14.0704

从分项指标全国得分来看，E（环境）指数和 G（治理）指数表现较
好。总的来说，注意 3 项指标的协同提升是海南省提高可持续发展能力的
关键。具体来说，对于 E（环境）指标，可以从减少城市生活污水排放

量、提高人均水资源量、人均公园绿地面积等方面进行；对于 S（指标）的提升，可以从提高人均 GDP、城镇新增就业人数占城镇总就业人数比重、农林水支出占比、一般预算支出教育投入比率、基本养老保险覆盖率等方面进行；对于 G（治理）指标的提升，可以从增大保障倍数、提高政策决策公众意见征集数量、提高 R&D 经费支出占地区生产总值比例、提高专利数量等方面进行。

从海南省城市的各项分指标省内得分来看，省会海口市的 E（环境）指数、S（社会）指数和 G（治理）指数表现优异；三亚市的 E（环境）指数、S（社会）和 G（治理）指数均良好。

6.19 四川省城市可持续发展能力评价结果

四川省地处中国西南部，下辖 18 个地级市和 3 个自治州。在 2020 年全国城市可持续发展能力评价结果中，四川省分布欠佳。主要城市评价结果如表 6.37 和表 6.38 所示。

表 6.37 四川省主要城市可持续发展能力评价结果

城市	标准化值
成都市	58.5629
自贡市	45.9178
德阳市	45.6256
遂宁市	44.8401
广安市	44.6215
南充市	44.2483

表 6.38 四川省主要城市可持续发展能力分项指标评价结果

城市	E（环境）指数	S（社会）指数	G（治理）指数
	标准化值	标准化值	标准化值
成都市	22.6887	18.5712	17.3029
自贡市	16.8451	17.1085	11.9641
德阳市	16.7852	15.9372	12.9031
遂宁市	16.7068	16.2328	11.9003
广安市	16.1041	15.2343	13.2831
南充市	15.6129	16.6800	11.9552

从分项指标全国得分来看，E（环境）指数和S（社会）指数表现较差；G（治理）指数与E（环境）指数和S（社会）指数相比表现略强。总的来说，注意3项指标的协同提升是四川省提高可持续发展能力的关键。具体来说，对于E（环境）指标，可以从减少城市生活污水排放量、提高城市生活污水处理率、提高人均水资源量和自然保护区面积等方面进行；对于S（社会）指标的提升，可以从提升第三产业占GDP比重、农林水支出占比、一般预算支出教育投入比率、基本养老保险覆盖率和基本养老医疗保险覆盖率等方面进行；对于G（治理）指标的提升，可以从增大保障倍数、提高政策决策公众意见征集数量、增加一般预算支出医疗投入比率等方面进行。

从四川省城市的各项分指标省内得分来看，省会成都市的E（环境）、S（社会）和G（治理）指数表现优异；自贡市的E（环境）指数和S（社会）指数表现较好，G（治理）指数表现一般；德阳市3项指数表现较为一致；遂宁市的E（环境）指数和S（社会）指数表现处于省内中上水平，G（治理）指数表现一般；广安市的S（社会）指数和G（治理）指数表现较好，E（环境）指数表现一般；南充市E（环境）指数和G（治理）指数表现欠佳，但S（社会）指数较好。

6.20 贵州省城市可持续发展能力评价结果

贵州省地处中国西南腹地，下辖 6 个地级市和 3 个自治州。主要城市评价结果如表 6.39 和表 6.40 所示。

表 6.39　贵州省主要城市可持续发展能力评价结果

城市	标准化值
遵义市	50.2096
贵阳市	50.1198
安顺市	48.5000
六盘水市	47.4210
毕节市	42.0391
铜仁市	35.0138

表 6.40　贵州省主要城市可持续发展能力分项指标评价结果

城市	E（环境）指数	S（社会）指数	G（治理）指数
	标准化值	标准化值	标准化值
遵义市	20.3787	17.4500	12.3808
贵阳市	19.4661	18.4581	12.1955
安顺市	18.6451	17.0750	12.7798
六盘水市	16.4799	17.7451	13.1959
毕节市	15.8653	13.0526	13.1211
铜仁市	9.1441	14.0336	11.8360

从分项指标全国得分来看，E（环境）指数和 G（治理）指数表现欠佳，S（社会）指数与 E（环境）指数和 G（治理）指数相比表现略强。

总的来说，贵州省的 3 项指标之间差距明显，提升 E（环境）指数和 G（治理）指数表现是提升贵州省可持续发展能力的关键。具体来说，对于 E（环境）指标，可以从降低万元 GDP 工业废弃物排放量、提高人均水资源量以及增加城市建成区绿化覆盖率等方面进行；对于 G（治理）指标的提升，可以从增大保障倍数、提高政策决策公众意见征集数量、提高 R&D 经费支出占地区生产总值比例、提高专利数量等方面进行。

从贵州省城市的各项分指标省内得分来看，省会贵阳市的 E（环境）、S（社会）和 G（治理）指数表现优异；六盘水市的 E（环境）指数、S（社会）指数和 G（治理）指数表现突出；遵义市的 E（环境）指数、S（社会）指数和 G（治理）指数均表现较好；安顺市的 E（环境）指数、S（社会）指数和 G（治理）指数均表现较好。毕节市的 E（环境）指数和 G（治理）指数表现良好，S（社会）指数表现欠佳；铜仁市的 3 项指标均表现一般。

6.21　云南省城市可持续发展能力评价结果

云南省地处中国西南边陲，是中国通往东南亚、南亚的窗口。云南省下辖 8 个地级市和 8 个自治州。在 2020 年全国城市可持续发展能力评价结果中，云南省整体还有提升空间。主要城市评价结果如表 6.41 和表 6.42 所示。

表 6.41　云南省主要城市可持续发展能力评价结果

城市	标准化值
丽江市	49.6330
保山市	49.2293
曲靖市	47.2660

续表

城市	标准化值
昆明市	45.7339
玉溪市	44.1655
临沧市	43.6309

表 6.42 云南省主要城市可持续发展能力分项指标评价结果

城市	E（环境）指数	S（社会）指数	G（治理）指数
	标准化值	标准化值	标准化值
丽江市	23.32317	15.22847	11.08138
保山市	22.08003	15.72888	11.42042
曲靖市	20.5002	14.86287	11.9029
昆明市	19.59373	12.86708	13.27305
玉溪市	20.15743	13.33539	10.67267
临沧市	20.2093	12.81961	10.60198

从分项指标的全国得分来看，S（社会）指数和 G（治理）指数表现欠佳，E（环境）指数与 S（社会）指数和 G（治理）指数相比表现略强。总的来说，云南省的 3 项指标之间差距明显，提升 S（社会）指数和 G（治理）指数表现是提升云南省可持续发展能力的关键。具体来说，对于 S（社会）指标的提升，可以从提升城镇新增就业人数占城镇总就业人数比重、增加农林水支出占比、降低城镇登记失业率、降低基本失业保险覆盖率等方面进行；对于 G（治理）指标的提升，可以从增大保障倍数、提高 R&D 经费支出占地区生产总值比例、提高专利数量、增加一般预算支出医疗投入比率以及提高文化体育传媒支出占一般预算支出比率等方面进行。

从云南省城市的各项分指标省内得分来看，省会昆明市的 G（治理）指数领先，但其 E（环境）指数和 S（社会）指数表现一般；曲靖市的 E（环境）、S（社会）和 G（治理）指数表现突出；玉溪市的 E（环境）指数和 S（社会）指数表现处于省内上等水平，G（治理）指数表现欠佳；

保山市的 E（环境）、S（社会）和 G（治理）指数表现突出；丽江市的 E（环境）指数和 S（社会）指数表现处于省内领先水平，但 G（治理）指数表现一般；临沧市的 E（环境）指数和 S（社会）指数表现处于省内中等水平，G（治理）指数表现欠佳。

6.22 西藏自治区城市可持续发展能力评价结果

西藏自治区地处中国西部地区，下辖 6 个地级市和 1 个行政公署。在 2020 年全国城市可持续发展能力评价结果中，西藏自治区下辖城市可持续发展能力指数还有很大进步空间，西藏自治区可持续发展能力主要受其地理位置较为偏远的影响，相关制度不完善，西藏自治区下辖地级市整体的可持续发展能力水平还有待提升。主要城市评价结果如表 6.43 和表 6.44 所示。

表 6.43　西藏自治区主要城市可持续发展能力评价结果

城市	标准化值
拉萨市	41.3654
山南市	35.1681
昌都市	30.5686
日喀则市	27.8792

表 6.44　西藏自治区主要城市可持续发展能力分项指标评价结果

城市	E（环境）指数	S（社会）指数	G（治理）指数
	标准化值	标准化值	标准化值
拉萨市	15.6010	12.2237	13.5407

城市	E（环境）指数	S（社会）指数	G（治理）指数
	标准化值	标准化值	标准化值
山南市	13.5680	12.2216	9.3785
昌都市	13.4720	8.9651	8.1316
日喀则市	6.8679	13.4015	7.6097

从西藏自治区城市的 3 个分项指标全国得分来看，G（治理）指数表现较好，具体来看，自治区在地方人均负债额、政策决策公众意见征集数量以及新增政府规章及行政规范性文件数量得分情况表现较好，提高了本区的 G（治理）指数排名；相比之下，自治区各地级市的 E（环境）指数排名虽然没有突出的表现，但是整体上比 G（治理）指数表现得更好，未来西藏自治区还需在城镇新增就业人数占城镇总就业人数比重、高中阶段毛入学率、一般预算支出教育投入比例以及基本养老保险、基本医疗保险和基本失业保险覆盖率方面着重发展。

从西藏自治区城市的 3 个分项指标省内得分来看，拉萨市领先幅度较大；日喀则市的 E（环境）指数表现欠佳，G（治理）指数表现一般，但 S（社会）指数表现突出；山南市的各项指标排名表现得都不错；昌都市的 E（环境）指数和 G（治理）指数表现都不错，S（社会）指数表现欠佳。

6.23　陕西省城市可持续发展能力评价结果

陕西省位于中国西部地区，下辖 10 个地级市。在 2020 年全国城市可持续发展能力指数中，陕西省下辖城市可持续发展能力评价结果整体表现欠佳。主要城市评价结果如表 6.45 和表 6.46 所示。

表 6.45 陕西省主要城市可持续发展能力评价结果

城市	标准化值
西安市	48.7129
宝鸡市	46.1516
铜川市	44.0560
汉中市	43.9819
咸阳市	43.5736
渭南市	43.2101

表 6.46 陕西省主要城市可持续发展能力分项指标评价结果

城市	E（环境）指数	S（社会）指数	G（治理）指数
	标准化值	标准化值	标准化值
西安市	19.1157	15.1858	14.4114
宝鸡市	17.1172	17.5350	11.4995
铜川市	15.5523	16.5809	11.9228
汉中市	17.1776	16.0891	10.7151
咸阳市	16.4236	15.5887	11.5613
渭南市	15.3935	16.8937	10.9229

从各分项指标全国得分来看，陕西省城市 E（环境）指数和 G（治理）指数表现欠佳，对于这两方面的提高，可以从城市生活污水排放量、人均水资源量、自然保护区面积、地方人均负债额、可偿债财力以及一般预算支出医疗投入比率等方面入手；S（社会）指数表现一般，有几个指标表现得较为突出，例如，对刑事、行政和民事案件的披露情况，每亿元 GDP 生产事故死亡率，农林水支出占比，等等。总的来看，加大环境建设力度、提高治理水平是提升陕西省城市可持续发展能力的重要途径。

从各分项指标省内得分来看，省会城市西安市的 E（环境）指数和 G（治理）指数具有较大优势，但 S（社会）指数表现欠佳；铜川市的 E（环境）指数表现欠佳，其他指标都表现突出；宝鸡市 3 个指数表现均较为良好，S（社会）指数具有较大优势；咸阳市 G（治理）指数表现较好，其余两项指标表现一般；渭南市 S（社会）指数表现较好，但 E（环境）指数、S（治理）指数表现欠佳；汉中市除 G（治理）指数表现欠佳外，E（环境）指数和 S（社会）指数表现均良好。

6.24 甘肃省城市可持续发展能力评价结果

甘肃省地处中国西部地区，下辖 12 个地级市和 2 个自治州。在 2020 年全国城市可持续发展能力评价结果中，甘肃省下辖城市可持续发展能力指数表现相对欠佳，表明甘肃省城市可持续发展能力整体水平有待提高。主要城市评价结果如表 6.47 和表 6.48 所示。

表 6.47　甘肃省主要城市可持续发展能力评价结果

城市	标准化值
兰州市	49.5501
平凉市	47.2313
白银市	46.3873
武威市	46.1467
庆阳市	44.9167
定西市	43.8598

表 6.48　甘肃省主要城市可持续发展能力分项指标评价结果

城市	E（环境）指数	S（社会）指数	G（治理）指数
	标准化值	标准化值	标准化值
兰州市	17.6072	16.3602	15.5827
平凉市	17.7735	16.4717	12.9860
白银市	16.6744	16.9848	12.7281
武威市	13.4026	19.8304	12.9137

城市	E（环境）指数	S（社会）指数	G（治理）指数
	标准化值	标准化值	标准化值
庆阳市	18.5941	13.5368	12.7858
定西市	17.5142	16.2699	10.0757

从甘肃省城市 3 个分项指标省内得分来看，E（环境）指数和 S（社会）指数整体表现一般；在总债务率、"12345" 热线与网站建设情况以及腐败案件数量等方面表现较为突出，提高了甘肃省的 G（治理）指标得分情况。总的来看，甘肃省需要从 3 个分项指标对应的各个维度着手，尤其是要在人均水资源量、人均公园绿地面积、年平均气温、年降水量、自然保护区面积以及社会保障与就业支出占财政支出的比重方面着重发展，进一步提升其城市可持续发展能力。

从甘肃省城市的各分项指标省内得分来看，省会兰州市的 G（治理）指数表现较好，E（环境）指数和 S（社会）指数两个指标表现欠佳；武威市的 E（环境）指数表现欠佳，S（社会）指数表现突出，G（治理）指数表现一般；平凉市的 3 项指标表现较好；白银市的 E（环境）指数和 G（治理）指数表现欠佳，但 S（社会）指数表现较好；庆阳市的 S（社会）指数和 G（治理）指数表现欠佳，但其 E（环境）指数表现突出；定西市的 G（治理）指数欠佳，但 E（社会）指数表现较好，S（社会）指数表现一般。

6.25 青海省城市可持续发展能力评价结果

青海省地处中国西部地区，下辖 2 个地级市和 6 个自治州。在 2020 年全国城市可持续发展能力评价结果中，青海省下辖城市可持续发展能力指数表现欠佳。主要城市评价结果如表 6.49 和表 6.50 所示。

表 6.49　青海省主要城市可持续发展能力评价结果

城市	标准化值
西宁市	47.0844
海东市	29.9469
海北藏族自治州	27.4047
海南藏族自治州	25.4992
黄南藏族自治州	22.5297
果洛藏族自治州	21.8600

表 6.50　青海省主要城市可持续发展能力分项指标评价结果

城市	E（环境）指数	S（社会）指数	G（治理）指数
	标准化值	标准化值	标准化值
西宁市	17.9933	15.9418	13.1493
海东市	6.1774	12.8525	10.9169
海北藏族自治州	4.1561	13.1276	10.1211
海南藏族自治州	3.9095	10.7249	10.8648
黄南藏族自治州	3.5825	10.1621	8.7851
果洛藏族自治州	3.3552	10.9710	7.5338

从青海省城市的各分项指标全国得分来看，G（治理）指数表现相对其他两个指标较好一些；E（环境）指数表现欠佳，该指数中的压力 P 表现整体欠佳，尤其是万元 GDP 工业废气排放量、城市生活污水排放量以及万元 GDP 工业烟尘排放量，得分远远低于平均值，另外，E（环境）指数中的年平均气温、人均水资源量、自然保护区面积以及城市生活污水处理率这几个指标的表现也欠佳，是未来发展的重点。

从青海省城市的各分项指标全省得分来看，省会西宁市领先幅度比较明显，3 个分项指标均表现突出；海东市各项指标也处于全省领先地位。海北藏族自治州的 S（社会）指数表现较好；海南藏族自治州的 E（环境）指数表现欠佳，G（治理）指数表现相对较好。

6.26   宁夏回族自治区城市可持续
发展能力评价结果

宁夏回族自治区处于中国西部地区，下辖 5 个地级市。2020 年全国城市可持续发展能力评价结果中，宁夏回族自治区下辖城市可持续发展能力指数整体表现一般。主要城市评价结果如表 6.51 和表 6.52 所示。

表 6.51   宁夏回族自治区主要城市可持续发展能力评价结果

城市	标准化值
银川市	47.3399
吴忠市	43.0815
固原市	42.9246

表 6.52   宁夏回族自治区主要城市可持续发展能力分项指标评价结果

城市	E（环境）指数	S（社会）指数	G（治理）指数
	标准化值	标准化值	标准化值
银川市	20.1726	13.3772	13.7900
吴忠市	17.8908	14.2580	10.9328
固原市	19.6650	12.3857	10.8739

从宁夏回族自治区的各分项指标全国得分来看，S（社会）指数表现欠佳；G（治理）指数相对一般；E（环境）指数表现相对其他两个指标较好。总的来看，S（社会）指标和 G（治理）指标的改善是提升宁夏回族自治区城市可持续发展能力的主要因素，尤其是农林水支出占比，刑事、行政和民事案件的披露情况，基本养老保险，基本医疗保险，基本失

业保险覆盖率，可偿债财力，R&D 经费支出占地区生产总值比例，以及一般预算支出医疗投入比率这几个方面，要进一步提升其城市可持续发展能力。

从宁夏回族自治区城市的各分项指标全省得分来看，省会银川市具有较大优势；吴忠市的 S（社会）指数表现较好；固原市的 S（社会）指数表现相对其他两个指标欠佳。

6.27　新疆维吾尔自治区城市可持续发展能力评价结果

新疆维吾尔自治区属于中国的西部地区，共辖 4 个地级市、5 个地区和 5 个自治州。2020 年全国城市可持续发展能力评价结果中，新疆维吾尔自治区可持续发展能力指数相对欠佳。总的来说，新疆维吾尔自治区可持续发展能力整体上还有进步空间。主要城市评价结果如表 6.53 和表 6.54 所示。

表 6.53　新疆维吾尔自治区主要城市可持续发展能力评价结果

城市	标准化值
克拉玛依市	46.1723
乌鲁木齐市	43.2257
吐鲁番市	29.0093
哈密市	27.9352
昌吉回族自治州	26.4280
巴音郭楞蒙古自治州	23.9457

表6.54 新疆维吾尔自治区主要城市可持续发展能力分项指标评价结果

城市	E（环境）指数	S（社会）指数	G（治理）指数
	标准化值	标准化值	标准化值
克拉玛依市	15.3967	18.1140	12.6617
乌鲁木齐市	15.4476	13.7261	14.0520
吐鲁番市	8.7105	10.3086	9.9902
哈密市	7.6380	10.6045	9.6928
昌吉回族自治州	3.5386	12.2995	10.5899
巴音郭楞蒙古自治州	4.2429	9.5420	10.1607

从新疆维吾尔自治区3个分项指标的全国得分来看，E（环境）指数表现欠佳，尤其是城市生活污水排放量、年平均气温、年降水量、城市生活垃圾无害化处理率以及工业固体废弃物利用率等方面表现欠佳，拉低了E（环境）指数的整体得分；G（治理）指数相对较好；S（社会）指数表现一般。总的来看，新疆维吾尔自治区需要从3个分项指标所对应的各个维度着手，分别在除上述指标外的城镇新增就业人数占城镇总就业人数比重，一般预算支出教育投入比率，对刑事、行政和民事案件的披露情况，每万人专利数，R&D经费支出占地区生产总值比例，以及一般预算支出医疗投入比率方面进行改善，进一步提升其城市可持续发展能力。

从新疆维吾尔自治区的各分项指标省内得分来看，乌鲁木齐市各项指标都具有较大优势，E（环境）指数、S（社会）指数、G（治理）指数均表现较好；克拉玛依市E（环境）指数、S（社会）指数和G（治理）指数均较好；吐鲁番市的E（环境）指数表现较好，但S（社会）指数和G（治理）指数表现欠佳；哈密市的G（治理）指数表现欠佳；昌吉回族自治州的E（环境）指数表现欠佳，但其S（社会）指数表现较好；巴音郭楞蒙古自治州的G（治理）指数具有较大的优势，但其E（环境）指数和S（社会）指数表现欠佳。

第7章 重点区域城市群可持续发展能力评价结果分析

本章将对京津冀、长三角、粤港澳大湾区、东北地区、长江经济带以及黄河流域这六个重点区域的可持续发展评价结果进行比较，分析这六个区域内的城市可持续发展水平现状。

7.1 京津冀城市群可持续发展能力评价结果

京津冀城市群由14个城市构成，以首都北京市为核心，包括北京市、天津市两个直辖市，河北省的石家庄市、唐山市、秦皇岛市、邯郸市、邢台市、保定市、张家口市、承德市、沧州市、廊坊市、衡水市以及河南省的安阳市。该城市群主要城市可持续发展评价结果如表7.1所示。2020年全国城市可持续发展能力评价结果中，京津冀城市群内的各城市表现一般，除北京与天津外，京津冀城市群的可持续发展能力较为一般。主要城市评价结果如表7.1和表7.2所示。

从京津冀城市群城市的3个分项指标的全国情况来看，S（社会）指数表现优异；G（治理）指数表现一般；E（环境）指数表现欠佳，仅有

表 7.1　2020 年京津冀城市群可持续发展能力评价结果

城市	标准化值
北京市	71.50
天津市	56.30
石家庄市	51.81
承德市	45.68
沧州市	45.04
秦皇岛市	44.73

表 7.2　2020 年京津冀城市群可持续发展能力分项指标评价结果

城市	E（环境）指数	S（社会）指数	G（治理）指数
	标准化值	标准化值	标准化值
北京市	24.5709	19.8955	22.8981
天津市	24.8591	18.4578	16.8545
石家庄市	16.5913	19.8529	15.3704
承德市	15.4928	16.8678	13.3171
沧州市	16.0995	16.3380	12.6058
秦皇岛市	14.9788	17.4314	12.3219

北京市和天津市较好，这是因为京津冀城市群中包含许多老牌重工业发展基地，从而导致城市群内空气污染相对严重，粉尘排放量较高，具体表现为二氧化硫、二氧化氮及 PM2.5 浓度年均值相对较高。

　　从京津冀城市群城市的各分项指标在城市群内的得分来看，北京市、天津市和石家庄市处于领先的地位，3 个分项指标均表现突出；承德市 E（环境）指数表现欠佳，但 S（社会）指数与 G（治理）指数表现出色；沧州市 3 个分项指标表现一般；秦皇岛市 S（社会）指数表现较好，但 E（环境）指数和 G（治理）指数表现欠佳。

7.2 长三角城市群可持续发展能力评价结果

长江三角洲城市群（以下简称长三角城市群）是指位于长江入海之前形成冲积平原周围的城市。根据国务院批准的《长江三角洲城市群发展规划》，长三角城市群包括上海市，江苏省的南京市、无锡市、常州市、苏州市、南通市、盐城市、扬州市、镇江市、泰州市，浙江省的杭州市、宁波市、嘉兴市、湖州市、绍兴市、金华市、舟山市、台州市，安徽省的合肥市、芜湖市、马鞍山市、铜陵市、安庆市、滁州市、池州市、宣城市共 26 市。长三角城市群是"一带一路"与长江经济带的重要交汇地带，在中国现代化建设大局和开放格局中具有举足轻重的战略地位。

2020 年全国城市可持续发展能力评价结果中，长三角城市群表现优异。主要城市评价结果如表 7.3 和表 7.4 所示。

表 7.3 2020 年长三角城市群可持续发展能力评价结果

城市	标准化值
上海市	60.44
杭州市	60.13
南京市	56.09
宁波市	55.73
合肥市	52.04
无锡市	51.72
常州市	51.26
扬州市	50.07

表 7.4　2020 年长三角城市群可持续发展能力分项指标评价结果

城市	E（环境）指数	S（社会）指数	G（治理）指数
	标准化值	标准化值	标准化值
上海市	23.3485	19.8955	22.8981
杭州市	23.1903	18.2282	18.7102
南京市	22.3839	15.9891	17.7171
宁波市	20.3934	18.8354	16.4965
合肥市	14.7877	20.3927	16.8552
无锡市	17.9727	19.6039	14.1426
常州市	17.7381	17.3231	16.2033
扬州市	18.8817	17.4543	13.7354

　　从长三角城市群城市的 3 个分项指标的全国得分来看，S（社会）指数与 G（治理）指数表现优异。E（环境）指数表现一般，从已披露的数据来看，江苏省各城市的人均水资源量水平有待提高，但长三角城市群 E（环境）指数得分较低的主要原因还是因为江苏个别城市未对工业废弃物排放量及城市废水、垃圾处理率等重要数据进行披露。

　　从长三角城市群城市的各分项指标在城市群内得分结果来看，上海市处于领先地位，E（环境）指数、G（治理）指数和 S（社会）指数均表现突出；在 E（环境）指数中，杭州市、南京市、宁波市表现较好；在 S（社会）指数中，合肥市、无锡市与宁波市表现较好；从 G（治理）指数的情况来看，杭州市、南京市与合肥市表现突出。通过上述城市分析可以看到，长三角城市群形成了以上海为中心，以江浙为优势的"一星两强"的发展格局，而安徽省的城市相较之下可持续发展水平稍显逊色。

7.3　粤港澳大湾区城市群可持续发展能力评价结果

　　粤港澳大湾区由香港、澳门两个特别行政区和广东省广州市、深圳市、珠海市、佛山市、惠州市、东莞市、中山市、江门市、肇庆市9个珠三角城市组成，总面积为 5.6 万平方千米，2020 年底粤港澳大湾区常住人口约 7000 万人，经济总量达 11.5 万亿元人民币。由于社会制度、治理方式等的差异，本节针对除港澳地区外的广州、深圳等 9 个城市可持续发展能力进行分析。

2020 年全国城市可持续发展能力评价结果中，粤港澳大湾区城市群内的城市可持续发展能力指数表现优异。总体来看，大湾区城市群内的城市可持续发展能力处于国内顶尖水平，是中国城市可持续发展变革的标杆典范。主要城市评价结果如表 7.5 和表 7.6 所示。

表 7.5　2020 年粤港澳大湾区城市群可持续发展能力评价结果

城市	标准化值
深圳市	63.1206
广州市	58.9208
东莞市	54.8151
中山市	51.2790
珠海市	49.8505
佛山市	49.8335
肇庆市	47.6693
惠州市	47.3785
江门市	46.6456

表 7.6　2020 年粤港澳大湾区城市群可持续发展能力分项指标评价结果

城市	E（环境）指数	S（社会）指数	G（治理）指数
	标准化值	标准化值	标准化值
深圳市	22.8122	17.4103	22.8981
广州市	24.3059	17.7605	16.8545
东莞市	18.7270	19.8955	16.1926
中山市	18.6001	17.5371	15.1418
珠海市	16.4430	18.4578	14.9497
佛山市	17.4445	16.7547	15.6343
肇庆市	17.8345	16.1873	13.6475

续表

城市	E（环境）指数	S（社会）指数	G（治理）指数
	标准化值	标准化值	标准化值
惠州市	16.8646	16.2996	14.2143
江门市	17.7760	14.1328	14.7367

从大湾区城市群城市的 7 个分项指标的全国得分来看，E（环境）、S（社会）和 G（治理）3 个分项指标表现十分优异。广州市 3 项指标表现突出，综合处于大湾区城市首位；深圳市除了 S（社会）指标表现一般外，其他指标均表现突出，综合排名靠前。珠海市的 E（环境）指数表现相对欠佳，有较大进步空间（如降低二氧化氮浓度年均值、提高城市建成区绿化覆盖率等），S（社会）指数处于领先水平，G（社会）指数表现一般；佛山市的 E（环境）指标和 S（社会）指标均表现一般，G（治理）指标排名表现较好，所以佛山市在未来应在 E（环境）指标（如城市生活污水排放量、城市生活垃圾无害化处理率以及污染治理投入占 GDP 比重等）和 S（社会）指标（如城镇新增就业人数占城镇总就业人数比重、农林水支出占比等）方面进一步提升；惠州市 3 项指标排名均欠佳，未来应从环境、社会、治理三个方面全方位提高城市可持续发展能力；东莞市 E（环境）指标、S（社会）指标和 G（治理）指标均表现突出；中山市的 3 项指标均位于中等水平；江门市的 3 项指标欠佳；肇庆市的 E（环境）指标表现一般，其他 2 项指标表现欠佳。

7.4 东北地区城市群可持续发展能力评价结果

东北地区曾经是全国经济最活跃的地区之一，也是中国最重要的商品粮供应基地之一，以及中国最重要的制造业基地之一。进入 2019 年，在国内由经济快速增长期转入结构改革调整期的背景下，东北地区面临着经济下行、与发达地区差距加大、就业压力增大的挑战，同时也迎来产业结构升级调整、区域协调联动优化、建立开放型经济模式等的机遇。本节将对东北三省主要地级市的可持续发展能力进行分析。

2020年全国城市可持续发展能力评价结果中，东北地区城市群的城市可持续发展能力表现欠佳，有较大进步空间。主要城市评价结果如表7.7和表7.8所示。

表 7.7　2020 年东北地区城市群主要城市可持续发展能力评价结果

城市	总分
大连市	54.1201
沈阳市	53.6158
葫芦岛市	47.1197
长春市	46.3571
抚顺市	46.0190
佳木斯市	45.3139
丹东市	44.8931
铁岭市	44.4680
哈尔滨市	44.4028
大庆市	44.2187

表 7.8　2020 年东北地区城市群主要城市可持续发展能力分项指标评价结果

城市	E（环境）指数	S（社会）指数	G（治理）指数
	标准化值	标准化值	标准化值
大连市	21.0574	18.2067	14.8560
沈阳市	19.1754	18.0868	16.3536
葫芦岛市	17.2863	17.2387	12.5947
长春市	18.5211	14.8465	12.9896
抚顺市	17.8768	16.7759	11.3464
佳木斯市	17.0708	16.8555	11.3875
丹东市	18.4568	15.8697	10.5666
铁岭市	16.0348	18.5526	9.8805
哈尔滨市	15.8505	15.6770	12.8753
大庆市	16.9962	14.9974	12.2251

从东北地区城市群城市的各分项指标在城市群的得分来看，对于 E（环境）指标，大连市、沈阳市、长春市和丹东市表现较好；从 S（社会）指标来看，铁岭市、大连市、沈阳市、葫芦岛市和佳木斯市表现较好；从 G（治理）指标来看，沈阳市、大连市、长春市、哈尔滨市和葫芦岛市表现较好。

7.5 长江经济带城市群可持续发展能力评价结果

长江经济带东起上海、西至四川省，覆盖上海市、江苏省、浙江省、安徽省、江西省、湖北省、湖南省、重庆市、四川省、云南省、贵州省 11 个省市，连接东、中、西三大区域的经济带，面积超过 200 万平方千米，综合经济实力较强，战略地位举足轻重，约占全国 GDP 总量的 40%。2016 年 9 月，《长江经济带发展规划纲要》正式印发，确立了以长江三角洲城市群、长江中游城市群和成渝城市群为"一级"发展格局，充分发展中心城市的辐射作用，打造长江经济带的三大增长极。

2020 年全国城市可持续发展评价结果中，长江经济带城市群整体表现较好。主要城市评价结果如表 7.9 和表 7.10 所示。

表 7.9 2020 年长江经济带城市群可持续发展能力评价结果

城市	标准化值
上海市	60.4392
杭州市	60.1287
成都市	58.5629
重庆市	56.5519
南京市	56.0901
宁波市	55.7254

续表

城市	标准化值
南昌市	55.0690
长沙市	54.2702
湘潭市	53.1791
武汉市	53.0179
合肥市	52.0356
常德市	52.0227
鹰潭市	51.9962
株洲市	51.9838
无锡市	51.7193
常州市	51.2645
吉安市	51.0878
上饶市	50.7675
益阳市	50.6916
娄底市	50.4723

表 7.10　2020 年长江经济带城市群可持续发展能力分项指标评价结果

城市	E（环境）指数	S（社会）指数	G（治理）指数
	标准化值	标准化值	标准化值
上海市	23.3485	20.2330	16.8577
杭州市	23.1903	18.2282	18.7102
成都市	22.6887	18.5712	17.3029
重庆市	24.8505	17.0886	14.6128
南京市	22.3839	15.9891	17.7171
宁波市	20.3934	18.8354	16.4965
南昌市	22.3042	19.5111	13.2537
长沙市	22.7812	15.9672	15.5218
湘潭市	21.4069	18.4239	13.3483
武汉市	21.1021	16.9705	14.9453
合肥市	14.7877	20.3927	16.8552
常德市	22.3042	16.7767	12.9418
鹰潭市	22.6700	18.1916	11.1346
株洲市	21.8593	16.3111	13.8135

城市	E（环境）指数	S（社会）指数	G（治理）指数
	标准化值	标准化值	标准化值
无锡市	17.9727	19.6039	14.1426
常州市	17.7381	17.3231	16.2033
吉安市	22.2916	17.0384	11.7577
上饶市	23.1570	16.2214	11.3890
益阳市	22.0341	15.5546	13.1029
娄底市	20.7118	16.7751	12.9854

从长江经济带城市的 3 项指标来看，表现都较好。总体来说，长江经济带城市群的可持续发展能力水平较高。

从长江经济带城市群城市的各分项指标的城市群得分来看，上海市整体可持续发展能力处于长江经济带城市群的领先地位，E（环境）指数、S（社会）指数城市群内得分表现突出，G（治理）指数城市群表现较好。从 E（环境）指数来看，重庆市、上海市、杭州市、上饶市、长沙市、成都市、鹰潭市均表现较好；从 S（社会）指数来看，合肥市、上海市、无锡市、南昌市、宁波市、成都市、湘潭市、杭州市表现较好；从 G（治理）指数来看，杭州市、南京市、成都市、苏州市、上海市、合肥市、宁波市、常州市、长沙市表现较好。可以看出，长江经济带城市群的可持续发展能力与区域划分状况并没有清晰的联系，各区域和各城市可持续发展能力还有进步的空间。

7.6　黄河流域城市群可持续发展能力评价结果

黄河作为中华民族的"母亲河"，其流域生态保护和城市群高质量发展是重大国家发展战略。黄河流域位于中国北方，自西向东分别流经青海、四川、甘肃、宁夏、内蒙古、陕西、山西、河南及山东九个省份，因此黄河流域所涉及的城市数量众多，本节受篇幅所限，仅报告黄河流域沿线的 10 个主要城市。

2020 年全国可持续发展能力评价结果中，黄河流域城市群内的可持续发展能力指数表现一般。黄河流域城市群内的城市可持续发展能力水平分布较均匀，且相对来说还有进步空间。在黄河流域城市群中可持续发展能力较好的城市大多数为省会城市和黄河中、下游城市，而表现欠佳的大多数为黄河中、上游城市。总体来说，黄河流域城市群内的城市可持续发展能力还需要进一步改善。主要城市评价结果如表 7.11 和表 7.12 所示。

表 7.11　2020 年黄河流域城市群主要城市可持续发展能力评价结果

城市	标准化值
郑州市	55.92792
德州市	51.49415
兰州市	49.55007
淄博市	48.71238
东营市	48.22027
银川市	47.33986
西宁市	47.08436
滨州市	47.05173
濮阳市	46.94190
开封市	46.89758

表 7.12　2020 年黄河流域城市群主要城市可持续发展能力分项指标评价结果

城市	E（环境）	S（社会）	G（治理）
	标准化值	标准化值	标准化值
郑州市	21.5452	18.1633	16.2194
德州市	18.5094	19.6892	13.2956
兰州市	17.6072	16.3602	15.5827

续表

城市	E（环境）	S（社会）	G（治理）
	标准化值	标准化值	标准化值
淄博市	18.2045	15.8678	14.6401
东营市	17.9177	17.1222	13.1804
银川市	20.1726	13.3772	13.7900
西宁市	17.9933	15.9418	13.1493
滨州市	18.1612	16.2089	12.6817
濮阳市	20.6493	15.9164	10.3762
开封市	20.5701	14.5655	11.7620

从黄河流域城市群城市的各分项指标来看，S（社会）指数表现较好；E（环境）指数和G（治理）指数表现一般，尤其是二氧化氮浓度年均值、二氧化硫浓度年均值、地方人均负债额以及腐败案件数量披露得分表现欠佳，拉低了整体水平，未来需要着重从这几个方面入手，提高黄河流域的E（环境）指数和G（治理）指数的得分，改善黄河流域城市群的可持续发展能力。

从黄河流域城市群城市的各分项指标在城市群内的得分来看，郑州市除了S（社会）指数表现一般，其他2个分项指数均表现突出，可持续发展能力综合排名居黄河流域城市群首位；从E（环境）指数看，郑州市、濮阳市、开封市和银川市表现突出；从S（社会）指数看，德州市、郑州市表现突出，这说明黄河中、下游的城市在提高社会效率、维持社会公平与和谐方面做得比较出色；从G（治理）指数看，郑州市、兰州市和淄博市表现突出。

第8章 中国城市可持续发展存在的问题与政策建议

本章将根据第 5 章至第 7 章中的分析结果，从环境（E）、社会（S）、治理（G）三方面，总结中国城市在推进可持续发展过程中所存在的共性问题，并提出进一步提升中国城市可持续发展能力的政策建议。

8.1 中国城市可持续发展存在的问题

8.1.1 环境（E）

环境问题是影响我国城市可持续发展能力的重要因素。党的十八大以来，国家高度重视环境问题，"绿水青山就是金山银山"的生态文明思想与社会经济发展深度融合，城市环境得到巨大改善。尽管如此，从此次调研结果看，我国城市在环境方面的可持续发展能力还有进一步提升的空间。从地理区域划分来看，南方城市在环境方面的绩效表现水平明显优于北方城市，以环境（E）指数排名前 100 名的城市占本地区城市数量的比例说明，南方城市占比为 40.9%，而北方城市仅为 16.7%；从经济区域划分来看，中部地区（36.0%）和东部地区（45.7%）的表现明显优于西部地区（21.5%）和东北地区（8.1%）。从环境指标的整体情况看，影响我国城市可持续发展的环境因素主要是污染物排放以及能源利用率两方面。

（1）污染物排放依旧较高。污染物的来源主要包括水污染、大气污染、固体废弃物污染等，从本次调研结果看，大气污染中的二氧化氮浓度以及 PM2.5 浓度是影响我国城市大气的主要污染源，其中二氧化氮的浓度均值接近 30 微克/立方米，部分城市达到 50 微克/立方米以上，而 PM2.5 的浓度平均值接近 40 微克/立方米，并且很多城市达到 50~60 微克/立方米，少数城市超过 100 微克/立方米。对于水污染，本次调研发现存在两个特点，一是我国工业废水排放达标率较高，基本所有城市都在 95% 以上，二是我国城市生活污水处理率披露较少，因此未来需要提高对生活污水的披露水平以及监管措施。对于固体废弃物污染和城市生活垃圾无害化处理的效果不同城市有一定差别，有些城市达到 100% 无害化处理，但也有部分城市尚未达到；另外，调研结果显示我国城市工业固体废弃物利用率的披露较少，需要进一步加强。

（2）能源利用率有待进一步提升。本次调研使用万元 GDP 能耗（吨标准煤）以及对于上年万元 GDP 能耗降低或增长率衡量城市关于能源的利用效率。调研结果显示，我国城市万元 GDP 能耗表现不佳，指标的平均值为 0.13，但有相当一部分城市的数据低于 0.1，因此进一步提升能源利用效率对提升城市可持续发展能力具有重要意义。此外，调研还发现，与 2020 年相比，2021 年大部分城市的万元 GDP 能耗均有不同程度的降低，部分城市降幅达 10% 以上，表明我国城市在提高能源利用率方面取得了很大的进步。

8.1.2　社会（S）

社会（S）评价指标体系用以评估社会发展状况和人民生活水平，能够反映各城市在保障和改善民生、协调社会关系、化解社会矛盾、维护社会稳定和保障公共安全等方面的表现。进入新时代以来，党和国家重视民生问题，脱贫攻坚取得重大成果，人民的幸福感、获得感和满足感不断提升。以社会（S）指数排名前 100 的城市占本地区城市数量的比例为标准，通过本次调研结果可以发现，南方城市（33.7%）与北方城市（25.0%）的比例差别不大，说明从地理区域划分来看，南方城市与北方城市在社会指标表现方面较为接近。另外，从经济区域划分看，东部城市（46.1%）与中部城市（30.9%）前 100 名城市占比明显优于西部城市的 19.2% 和东北城市的 24.3%。从整体指标的调研数据与分析结果看，我国城市的社会（S）指标在社会公平（城乡居民收入比）和社会和谐（案件数量、基本保险覆盖率）方面具有进一步提升可持续发展能力的潜力。

（1）城乡居民收入比差距较大，农林水支出需进一步提升。城乡居民收入比是衡量社会公平的重要指标。本次调研发现，我国各城市城乡居民收入比的平均值为 2.23，大部分城市的城乡居民收入比在 2 以上，表明我国城镇居民的收入水平明显高于乡村居民，如何进一步提升乡村居民的收入以及生活水平，对于提高社会公平对可持续发展能力的提升作用具有重要意义。另外，作为衡量扶贫力度的指标——农林水支出占总支出的比例，调研结果显示很多城市低于 10%，因此需要进一步提升对于农牧渔业的扶持。当前，我国已全面进入小康社会，缩小城乡居民收入差距，实现共同富裕成为新时代我国特色社会主义要解决的主要问题。

（2）各类案件数量披露不足，基本保险覆盖率存在提升空间。社会和谐指标主要包括两大类：一是刑事、民商以及行政案件的数量；二是基本保险的覆盖面积。对于刑事、民商以及行政案件数量，调研结果发现我国各城市受理案件总数差距较大，而且刑事、民商以及行政案件数量的披露较差，未来需要进一步提升各类案件的披露效果。对于基本保险覆盖率，调研结果显示我国各城市基本保险（医疗、事业以及养老保险）的覆盖率存在差异，一线城市（北京市、上海市、深圳市、广州市等）以及较发达的省会城市（杭州市、南京市、郑州市等）的基本保险覆盖率较高，但是在一些经济发展较为落后的城市，基本保险覆盖率相对较低，未来需要进一步提升基本保险覆盖率以促进社会和谐。

8.1.3　治理（G）

治理（G）评价体系用以评估各城市通过运用行政手段进行资源配置，以满足社会需求、维护社会秩序的能力。习近平总书记指出："要强化制度执行力，加强制度执行的监督，切实把我国制度优势转化为治理效能。""十四五"规划将"国家治理效能得到新提升"作为今后五年我国经济社会发展的主要目标之一，并对"十四五"时期推进国家治理体系和治理能力现代化作出重要部署。本次调研从法治、服务、财政三个方面衡量地方政府治理水平，调研结果发现，南方地方政府的治理效能明显优于北方，以治理（G）指数排名前 100 的城市占本地区城市数量的比例说明，南方城市比例为 40.9%，北方城市比例为 16.7%，且北方城市进入前 100 名的主要以直辖市、计划单列市以及省会城市为主，其他城市表现较差。从经济区域划分看，东部地区 60% 的比例明显优于其他区域，包括中部城市的 33.3%、西部地区的 13.8% 以及东北地区的 5.4%。从具体指标来看，地方政府在优化财政结构以及拓宽政民沟通渠道、打造透明政府方面具有较大的提升空间。

（1）地方政府财政赤字率较高，收支结构不平衡。调研结果显示，基层政府重点税源增收乏力，财政支出压力大，收支失衡问题较为突出。收入增长乏力，但"保运转、保工资、保基本民生"等刚性支出压力不减。一些专项债项目建设期长，但付息期早、压力大。部分项目还本资金被提前挪用，收益不确定性较大，偿债对土地收益依赖过大。结果导致我国很多城市存在财政赤字过高的情况，一些政府的财政赤字率甚至超过 20%，政府负债过高已成为当下我国地方政府财政面临的主要问题。

（2）缺乏有效的政民沟通渠道，政府信息披露不足。从调研结果来看，大多数政府媒体是单向出版物的形式，舆论环境差、信息交互以及传播重点不突出等问题，导致与公众的沟通不顺畅，甚至出现零沟通现象，严重影响了公众的政务参与意愿。此外，面对社会热点和大众信息，政府媒体响应速度以及信息透明度较差，不能及时引导公众导致政府信誉受损。最后，政务内容同质化严重，缺乏原创且发布信息的关注度较少，"只发布，不管影响"是政务媒体长久以来的弊端。对于政府信息披露方面，本次调研发现地方政府关于政务信息的数据披露不足，很多信息在政府网站以及其他政府媒体上难以获取，未来需要进一步提升政务信息披露水平，打造"透明政府"。

8.2 进一步提升中国城市可持续发展能力的建议

8.2.1 深入践行"两山"理念，促进生态文明建设

"绿水青山就是金山银山"是习近平总书记生态文明思想的重要组成部分。"两山"理念强调的是人与自然的和谐统一，在经济发展和生态文明建设中寻求平衡与协同并进，既要"绿"又要"富"成为新时代中国可持续发展建设的追求。"两山"理念对我国各城市实现可持续发展具有战略指导、引领推动作用。然而，从中国城市可持续发展能力评价结果来看，我国城市可持续发展能力水平不高，如北京 71.50 分为最高，而大部分城市的可持续发展能力得分均在 60 分以下，表明各城市在提升可持续发展能力方面仍具有较大空间。以"两山"理念为思想指导和基本理念，促进生态文明建设是各城市提升可持续发展能力的核心思想。

首先，各城市需要不断强化工业废弃物排放监督力度，擅用"胡萝卜加大棒"政策，引导企业源头减量、严格落实工业废弃物排放管理台账制度，确保废物管理从源头抓起；同时，拓宽废弃物综合利用渠道、促进废弃物处置能力提升，推广使用可循环、易回收的清洁能源产品，切实

防范环境污染，形成长效机制。其次，各城市需要扎实开展生态保护地修复工作，在退耕还林、治沙造林方面要加大投入力度，构建更完善的耕地生态补偿制度；同时积极建设森林生态系统，进行植树造林、封山育林，用技术改造促进森林生态系统的完整发展和建设。最后，各城市需要优化城市规划，扩大绿化面积，让地于民，让绿于民，在全社会树立爱绿、护绿、兴绿意识，全力建设生态绿色家园，让人民群众在蓝天绿地的优美环境中生活。

8.2.2　强化环境执法监管，持续降低污染排放

有效的生态环境监管执法是深入打好污染防治攻坚战、实现中华民族永续发展目标的重要保障。只有监督到位，才能更加切实高效地进行管理，而只有对环境信息进行全面披露，接受社会监督，才能借助外部压力，推动环境问题持续改善。从 2020 年中国城市可持续发展能力评价结果来看，许多城市在环境（E）指标上存在较大问题：一是环境相关数据较差，如污染物排放严重、能源利用率低等；二是环境指标披露力度不足，缺乏有效监管。2021 年 6 月，生态环境部印发的《关于进一步加强生态环境"双随机、一公开"监管工作的指导意见》，提出了要在生态环境领域健全以"双随机、一公开"监管为基本手段、以重点监管为补充、以信用监管为基础的新型监管机制：一是要在计划性检查中，将全面随机抽查的方式作为生态环境监管活动的基本手段；二是要在针对性检查中，积极回应社会关切，提升人民群众生态环境获得感、幸福感、安全感；三是要以信用监管为基础、公示公开为手段，将区域内的环境信息全面"晒"出来，接受社会监督，并促进自身不断提升。

对于环境的监督可以借助网络技术与信息处理技术对实时数据进行监测，观察地区的环境信息。同时对系统内已有数据进行统计、对比和分析，例如城市横向对比、月均值同比/环比、颗粒物浓度分布范围等。对于环境信息的披露，应严格执行统一的信息披露标准，同时有关部门要对所披露的信息进行核查，确保信息的准确性，真正发挥环境信息披露的有

效性，平稳推进生态文明建设。以南通市海门区为例，通过加强综合执法监管平台、大数据运用等，发挥环境监管网格作用，同时以生态环境局为主导，全面加强与公安局、检察院、法院以及发展改革委、应急管理局等部门的合作联动，整合执法资源，凝聚执法合力等措施，既有效打击环境违法行为，又有力保障企业正常发展。2021 年，海门区空气优良天数比例为 83.5%，同比提升 1.4 个百分点；PM2.5 平均浓度 23.2 微克/立方米，同比下降 14.1%。

8.2.3　推动产业结构优化升级，提高能源资源利用效率

从 2020 年中国城市可持续发展能力评价结果看，能源资源利用率低下是导致各城市在环境指标上得分偏低的重要原因。国家"十四五"规划强调立足我国产业规模优势、配套优势和部分领域先发优势，打造新兴产业链，推动传统产业高端化、智能化、绿色化。推动传统产业结构优化升级，是我国构建"双循环"新发展格局的应有之义，更是实现我国"绿色经济"高质量发展的必然要求。

首先，以供给侧改革为抓手推动产业结构优化，降低传统能源消耗，推动能源结构调整升级。要加大调整一、二、三类产业的格局，加快发展现代装备制造业、智慧物流、服务业及高新技术产业，提高第三产业在地区生产总值中的比重，减少经济发展对能源消耗的过度依赖，控制对能源消费总量的过度需求。其次，要调整优化能源结构，提高能源使用效率和效益，减少二氧化碳排放。强化风能、太阳能、核能、氢能等新型洁净能源的开发与利用，降低对煤炭、石油等高碳能源的过度依赖与消耗，逐步改变能源结构，向低碳化、绿色化、生态化转变和发展。在注重开发新能源的同时，应该把能源结构的调整与提高能源效率的方法相结合，采用低碳技术、节能技术和减排技术，努力提高现有能源体系的整体效率，通过产业结构调整减少排放量。最后，要提高废物利用率，健全资源循环利用体系。通过回收利用废钢铁、废铝、废塑料等可再生资源，缩短工艺流程，有效减少能源和资源消耗。政府要对相关循环经济行业和企业给予更

多扶持，为资源回收型企业的发展提供原料支持与市场支持，支持再生金属、再生水等循环产业的发展。

北京市产业优化升级取得重要进展。2021 年北京市人民政府印发《北京市关于促进高精尖产业投资推进制造业高端智能绿色发展的若干措施》的通知，提出 16 大项措施促进产业基础再造提升和产业链优化升级，推进制造业高端、智能、绿色发展。主要措施包括编制全市工业用地专项规划，增加工业用地，不得建设非制造业项目；瞄准全球产业趋势，再依照现有产业结构，建立高精尖产业项目库；建立项目落地统筹协调机制；建设产业投资大数据服务平台，整合分析企业的经营效益和社会效益。

8.2.4　加快乡村振兴战略实施，降低城乡居民差距

党的十九大报告中明确指出，我国的主要矛盾已经转化为人民日益增长的美好生活需要和不平衡不充分发展之间的矛盾。2020 年，我国城镇居民人均可支配收入为 43834 元，而农村居民人均可支配收入为 17131 元，此外，城镇居民人均消费支出是农村居民的 2 倍左右，城乡发展不平衡、收入差距过大一直是我国在实现全面小康道路上所面临的严峻问题。因此，乡村振兴战略对于解决我国主要矛盾、促进农村地区发展、统筹协调城乡可持续发展具有重要意义。从 2020 年中国城市可持续发展能力评价结果来看，长三角城市群与粤港澳大湾区城市群在社会（S）指标上的差距较小，表明这两个地区城市在促进乡村发展、降低城乡居民在科、教、文、卫各方面的差距取得了重要进展。但同时应当注意到，在东北地区城市群、黄河流域城市群等区域城乡居民差距仍旧较大。

习近平总书记在乡村振兴战略中明确提出了产业兴旺、生态宜居、治理有效、乡风文明和生活富裕的总要求，其目的在于统筹发展乡村的经济建设、政治建设、文化建设、社会建设和生态文明建设，促进农村地区平衡发展。在乡村教育方面，各地级市政府需要积极抓实教育资源布局调整，大力培养和引进师范类青年教师，科学调整校建资金与优秀师资的分

配。同时，引导村民树立"教育立人"的思想意识，解决贫困地区农民教育观念薄弱的问题，为农村子女接受教育扫清观念上的障碍。在医疗卫生方面，政府部门亟须加大财政资金建设投入，加快完善乡镇村医疗机构基础建设，配备好基层医护人员数量和基本医疗设备，只有充实好医疗基础条件，农村医疗卫生服务才能发挥作用。在文化建设方面，政府要坚持大力推进乡镇文化站、村文化活动广场等基础设施的建设，进一步扩大公共文化产品和文化服务供给，推动村民精神文化活动"常态化"。在村镇科技方面，市政府需要重点加强科技人才的培养与调用，引导科技培训资源集中化、规模化，提高农民科学素质，带动农村科技的传播与推广。

浙江省湖州市以民宿为基础产业，构建多层次产业体系。通过政策扶持、外资引进、人才利用，打造莫干山特色小镇。同时，利用良好的生态环境推进生态农业发展，构建有机循环农业生产系统，挑选高品质有机农产品——一部分向外输出进行有机蔬菜宅配服务，另一部分进行售卖和二次加工，实现在地营销；开辟部分景观农田，开发农业体验，通过承包农场种养殖，构建自给自足的生态平衡，多余的产品向外输出，形成了可持续发展的生态农业模式。

8.2.5 优化社会保障服务，提高基本保险覆盖率

优化社会保障服务，提高人民生活的保障性。社会保障是共同富裕的重要基础，不仅要抓好共同富裕的战略方向，还要发挥中国特色社会主义的制度优势，优化制度设计，健全制度体系。坚持需求导向，充分了解社会保障服务制度现状，捕捉人民的真切需求；落实服务优先，坚持以人民为中心的发展思想，推动服务下沉，着眼利民便民。随着社会经济的发展，不断审视社会保障服务制度的执行与效果，持续优化制度设计，提供优良的社会保障服务。从 2020 年中国可持续发展能力评价结果来看，很多地处东北、西部地区的中小城市在基本社会保险覆盖率、社会保障与就业支出方面存在漏洞，并导致社会（S）指标评分较低。因此，完善社会

保障服务，提高基本保险覆盖率对于这些城市提升可持续发展能力具有重要作用。

具体建议：一是建立健全社会保障服务制度，制度是行动的先行官，发挥好制度的指导作用，精准管理，创新管理。同时，加大社会保障服务的财政投入。坚持以人民为中心，优化服务流程，设置方便快捷的办事流程，简化专业技术，并且针对每一事项的办理程序进行宣传教育。二是建立社会保障信息化管理，将所有信息系统化、数字化管理，缓解信息不对称问题，充分调动社会参与建议和评论，构建开放性的信息沟通平台，及时了解人民的需求。三是增加基本保险覆盖率，基本保险是民生的基本保障，提高投保率有利于社会稳定。加强基本保险的宣传教育，贯彻落实基本保险制度。调整基本保险的筹资方式，针对城乡居民、高收入者与低收入者的不同需求，设置灵活的筹资方式，加大对低收入人群的财政补贴，努力缩小城乡居民的受保差距。渐进式提高基本保险，构建多层次社会保障框架。

合肥市在 2020 年中国城市可持续发展能力评价中社会（S）指标得分较高，其原因在于合肥市近些年强力的人才吸引、就业创业保障等做法。在"十三五"规划期间，合肥市人才保障举措具体包含：①就业。合肥市聚焦重点产业稳定用工，催生市场主体产生新的就业岗位，累计实现新增就业超过 110 万人，同时建立就业形势动态监测机制，精准落实就业扶持政策。②社会保障。合肥市稳步提高退休人员基本养老金水平，年均增长 6.8%；另外，合肥市努力提高失业保险待遇保障水平，为 24.44 万人次支付失业保险金 18.23 亿元。③人才。合肥市实施人才强市战略，出台《关于进一步支持人才来肥创新创业的若干政策》《关于进一步吸引优秀人才支持重点产业发展的若干政策（试行）》等一系列人才新政，覆盖各类别、各层次人才在各个发展阶段的政策扶持体系。④劳动关系。合肥市切实维护劳动者合法权益，劳动关系总体和谐稳定。全面推进构建和谐劳动关系工业园区创建工作，覆盖面达 100%。

8.2.6 提高政府新媒体建设水平，拓宽政民沟通渠道

数字信息时代，信息流通迅速，政府网站成为公众获取官方信息的主要平台，是政府密切联系群众的重要桥梁。《国务院办公厅关于加强政府网站信息内容建设的意见》要求加强政府网站信息内容建设管理，强化信息发布更新、加大政策解读力度、做好社会热点回应、加强互动交流等。为响应国务院要求，各地政府应重视新媒体建设发展，拓宽政民沟通渠道，提升政府网站的信息传播能力，努力建设和谐、正义、美好的社会。从 2020 年中国城市可持续发展能力评价结果看，江苏省、广东省、浙江省等处于长三角城市群和粤港澳城市群的省份在政府治理（G）指标方面表现较好，政民沟通渠道多样，人民的需求得到了较好的反馈。但同时应注意到，许多城市的新媒体建设仍停留于"只建不用"的状态，政策发布信息不能及时告知群众，导致政府治理水平较低。因此，拓宽政民沟通渠道，让政府新媒体真正"用"起来，对于一些城市提高可持续发展水平具有重要作用。

具体建议：一是搭建政府多媒体体系，首先是政府的官方网站，其次是开发建设微博、微信、移动客户端等新媒体平台和流媒体系统，实现全方位发展。微博、微信平台还可以发起某项事件的民意调查，通过发布话题讨论或问卷调查的形式，获取公众的想法。对于人民大众，可以通过浏览网站或其他政府官方新媒体平台的信息，及时了解相关政策。二是开设具体政务专栏，政务专栏可以详细披露某一政务或事件的具体信息，以满足不同需求的大众，如开设有关案件披露专栏、民生政策分析专栏等。建立政府与公共的双向沟通渠道，只有走进人民、了解人民，才能真正做到为民服务。三是加强网站安全建设，在构建多种类的政民沟通渠道的同时，要把信息安全放在首位，防止任何人恶意截取、篡改、破坏信息，保证信息传播的真实性。

杭州市开展"政民互动探新路，民生政策进万家"活动，进一步完善市政府门户网站的网上听证、建言献策、网上调查、网上接待、网上直

播等政民互动栏目，结合政务新媒体矩阵，听民意、聚民智、解民忧、凝民心，努力成为无缝衔接公众与政府间紧密互动的黏合剂。市政府办公厅政务公开处负责人表示，2021年已受理各类咨询逾千次，依申请公开按期答复率达100%。市政府办公厅还建立政府信息精准推送机制，以需求为导向，依托不同群体微信群等平台，运用大数据、云计算、人工智能等技术，创新开展政策信息精准化、分众化推送，实现由"企业找政策"向"政策找企业"转变。

8.2.7　优化地方财政支出结构，保障财政收支的可持续性

地方财政支出结构是指地方财政支出总额中总类支出的组合以及各类支出在支出总额中的比重。财政支出结构的优化可以有效提高财政支出的效率，更好地发挥财政对资源配置、收入分配和稳定经济等方面的重要作用，是政府自身治理水平的重要衡量尺度。从2020年中国城市可持续发展能力评价结果看，各地政府在财政方面具有较大的提升空间（包括保障倍数、财政赤字率、收支差额等），所以优化地方财政支出结构，保障财政收支的可持续性，对于提高我国城市可持续发展能力水平具有重要意义。

优化财政支出结构要确保财政的重点支出，进而确定财政支出的优先次序，对现有的支出比例加以调整，增加当务之急的支出，控制或削减不必要的支出。例如，地方政府财政资金要逐步降低对生产经营性与竞争性领域的投资，保持和加大对国民经济有重大影响的非经营性和非竞争性领域的投资力度。同时，响应中央的要求，压缩政府为了维持自身运转所需要的一般性支出。但是刚性支出仍要保障，"三保"一个都不能缺。基层政府保基本民生、保工资、保运转，是基层政权巩固的基石，更是国家治理体系和治理能力现代化的重要一步。通过优化政府财政结构，将资金分配到最需要的地方，使资金发挥其最大的使用效率，创造最好的价值。目前，我国政府已经采用绩效预算，通过绩效来控制政府支出的质量和效率。绩效差的预算，要对预算执行责任者进行问责。通过这种办法，可以

有效提高政府预算使用效率。

北京市作为我国政府治理的典范，在控制财政收支结构方面的做法值得其他城市学习。其优化财政支出主要措施包括：①强化主动服务精准服务，做到财尽其用；②加大各类资源统筹，坚持厉行节约；③优化支出结构和重点，不断提升财政资金兜底线、保重点、促发展的能力；④加强财政政策引导调控，优化政府投资基金使用管理；⑤全面预算绩效管理体系逐步形成并应用；⑥防范化解财政金融风险，强化政府债券日常监管与偿债能力分析；⑦夯实财政财务基础工作，实现上下级财政、财政与部门互联互通。

8.2.8 提高政府信息披露水平，打造"透明政府"

从本次中国城市可持续发展能力评价过程来看，各地政府在信息披露方面仍存在较大的提升空间。从收集整理得到的数据看，在环境（E）指标下，城市生活污水处理率、生活垃圾无害化处理率、万元 GDP 固体废弃物产生量、城市生活污水排放量等指标的数据披露程度较差；在社会（S）指标下，扶贫专项资金占比，刑事、民生和行政案件数量以及平均每千人口医疗机构床位数等指标的数据披露程度较差；在治理（G）指标下，地方政府债券逾期、公务员数量以及网站建设与更新情况等指标的数据披露程度较差。因此，提高政府信息披露水平，打造"透明政府"对于提高我国城市可持续发展水平具有积极作用。政府高透明度的信息公开是法治社会的要求，有利于调节社会间的信息不对称、保障公众利益，因此，政策的制定与公开同样重要，深化重点领域信息公开，旨在发挥政务公开促落实、强监督的功能。

具体操作可以参照四川省的政府信息披露工作，该省从深化重点领域信息公开、深化政府信息资源管理、深化基层政务公开、深化平台载体管理、创新完善机制等方面做出安排，进一步提升政府工作"透明度"。例如，通过开展"政务开放日（周）"活动、编发"政务地图"等工作，促进决策公开、管理公开、服务公开、执行公开；加强电子政务建设，建立互联网政务信息数据服务平台和便民服务平台，提高行政效率和透明度，积极探索开展"互联网+政务公开+基层治理"行动，搭建基层治理数据库并根据需要向群众开放使用，让数据多跑路、群众少跑腿；丰富解读形式，采用图表图解、音视频、场景演示等开展多元化解读，建设智能政策问答平台。同时，注重完善群众关切和社会热点监测机制，做到快速反应、正面回应。

参考文献

［1］ Ali-Toudert F, Ji L. Modeling and Measuring Urban Sustainability in Multi-criteria-based Systems—A Challenging Issue ［J］. Ecological Indicators, 2017 (73): 597-611.

［2］ Ali-Toudert F, Ji L, Fährmann L, et al. Comprehensive Assessment Method for Sustainable Urban Development (CAMSUD) —A New Multi-criteria System for Planning, Evaluation and Decision-making ［J］. Progress in Planning, 2020, 140 (August): 100430.

［3］ Ameen R, Mourshed M, Li H. A Critical Review of Environmental Assessment Tools for Sustainable Urban Design ［J］. Environmental Impact Assessment Review, 2015 (55): 110-125.

［4］ Foroozesh F, Monavari S, Salmanmahiny A, Robati M, Rahimi R. Assessment of Sustainable Urban Development Based on a Hybrid Decision-making Approach: Group Fuzzy BWM, AHP, and TOPSIS-GIS ［J］. Sustainable Cities and Society, 2022 (76): 103402.

［5］ Hiremath R, Balachandra P, Kumar B, Murali J. Indictor-based Urban Sustainability—A Review ［J］. Energy for Sustainable Development, 2013 (17): 555-563.

［6］ Jato-Espino D, Yiwo E, Rodriguez-Hernandez J, Canteras-Jordana J. Design and Application of a Sustainable Urban Surface Rating System (SURSIST) ［J］. Ecological Indicator, 2018 (93): 1253-1263.

［7］Kaur H，Garg P. Urban Sustainability Assessment Tools：A Review［J］. Journal of Cleaner Production，2019（210）：146-158.

［8］Liu B，Yang Z，Xue B，et al. Formalizing an Integrated Metric System Measuring Performance of Urban Sustainability：Evidence from China［J］. Sustainable Cities and Society，2022（79）：103702.

［9］OECD. Environmental Indicators：Basic Concepts and Terminology［M］. Paris：Organization for Economic Co-operation and Development，1993：221-224.

［10］Polonenko L，Hamouda M，Mohamed M. Essential Components of Institutional and Social Indicators in Assessing the Sustainability and Resilience of Urban Water Systems：Challenges and Opportunities［J］. The Science of the Total Environment，2020（708）：135159. 1-135159. 11.

［11］Sharifi A. Urban Sustainability Assessment：An Overview and Bibliometric Analysis［J］. Ecological Indicators，2020（121）：107102.

［12］UNDESA. World Urbanization Prospects：The 2018 Revision［R］. Key Facts，2018.

［13］程朋根，岳琛，晏启明. 城市生态环境综合评价及其与经济结构耦合关系研究——以南昌市为例［J］. 东华理工大学学报（社会科学版），2020，39（1）：20-27+63.

［14］迟国泰，李鸿禧，潘明道. 基于违约鉴别能力组合赋权的小企业信用评级——基于小型工业企业样本数据的实证分析［J］. 管理科学学报，2018，21（3）：105-126.

［15］段易含. 地方政府治理效能评价中的营商政务环境指标：文献回顾与指标设计［J］. 行政与法，2021（4）：70-79.

［16］范柏乃，邓峰，马庆国. 可持续发展理论综述［J］. 浙江社会科学，1998（2）：42-46+58.

［17］冯茜宁，李开清. 京津冀城市群产业结构优化升级研究［J］. 合作经济与科技，2022（8）：20-22.

［18］胡膨沂，王承武．地方政府社会治理能力评价及提升路径——以江苏省为例［J］．科技和产业，2021，21（6）：52-57.

［19］黄强，程旭宇，刘祺．地方政府社会管理能力绩效评价指标体系建构——基于网络治理的局限性［J］．福建论坛（人文社会科学版），2009（8）：136-139.

［20］考燕鸣，王淑梅，马静婷．地方政府债务绩效考核指标体系构建及评价模型研究［J］．当代财经，2009（7）：34-38.

［21］蓝芳．2019大数据提升政府治理效能评价指数发布［N/OL］．南开大学报，http：//nkweekly.ihwrm.com/index/article/articleinfo.html？doc_id=3190196，2019-06-15.

［22］李靖，李春生，董伟玮．我国地方政府治理能力评估及其优化——基于吉林省的实证研究［J］．吉林大学社会科学学报，2020，60（4）：62-72+236.

［23］李龙熙．对可持续发展理论的诠释与解析［J］．行政与法，2005（1）：3-7.

［24］李秀．我国地方财政可持续发展的评价与测度［J］．陇东学院学报，2021，32（2）：9-12.

［25］李志军，张世国，牛志伟，等．中国城市营商环境评价及政策建议［J］．发展研究，2021，38（9）：56-62.

［26］刘传祥，承继成．可持续发展的基本理论分析［J］．中国人口·资源与环境，1996，6（2）：3-7.

［27］刘任欢．新时代"两山理论"下湖南生态文明建设路径探究［J］．现代农机，2021（3）：28-30.

［28］牛文元．可持续发展理论的基本认知［J］．地理科学进展，2008，27（3）：1-6.

［29］彭建，吴健生，潘雅婧，等．基于PSR模型的区域生态持续性评价概念框架［J］．地理科学进展，2012，31（7）：933-940.

［30］彭靓宇，徐鹤．基于PSR模型的区域环境绩效评估研究——以

天津市为例［J］．生态经济（学术版），2013（1）：358-362.

［31］祁海军．地方政府社会治理能力评估——以河南省为例［J］．学习论坛，2015，31（8）：73-77.

［32］施雪华，方盛举．中国省级政府公共治理效能评价指标体系设计［J］．政治学研究，2010（2）：56-66.

［33］石珠明．地方政府治理能力评价体系研究——以Q县为例［D］．保定：河北大学硕士学位论文，2020.

［34］田艳芳，周虹宏．上海市城市生态环境质量综合评价［J］．生态经济，2021，37（6）：185-192.

［35］王芳，张百慧，杨灵芝，等．基于大数据应用的政府治理效能评价指标体系构建研究［J］．信息资源管理学报，2020，10（2）：17-28.

［36］王凯，邹洋．国内外ESG评价与评级比较研究［M］．北京：经济管理出版社，2021.

［37］吴凡，林洪．海门：“五驾”并驱赋能环境执法打造环境监管新名片［J］．中国环境监察，2022（1）：62-63.

［38］俞可平．中国治理评估框架［J］．经济社会体制比较，2008（6）：1-9.

［39］“中国社会管理评价体系”课题组，俞可平．中国社会治理评价指标体系［J］．中国治理评论，2012（2）：2-29.

［40］张吉军，金荣学，张冰妍．高质量发展背景下地方政府债务绩效评价体系构建与实证——以湖北省为例［J］．宏观质量研究，2018，6（4）：32-44.

［41］张鑫，张水平．长三角地区绿色金融与生态环境耦合协调关系评价［J］．绥化学院学报，2021，41（6）：16-19.

［42］张秀梅．基于PSR模型的煤炭资源型城市生态安全评价研究——以鄂尔多斯市为例［D］．北京：北京林业大学硕士学位论文，2011.

［43］赵如松，陈素萍，刘莹，等．政府效能评估指标体系初探［C］．政府法制研究（2017年合订本），2017：452-482+450.